Olympische Winterspiele

Salt Lake City 2002

In Zusammenarbeit mit der größten Sport-Nachrichten-Agentur der Welt (sid)

sid

SVEN SIMON

COPRESS SPORT

Inhalt

CAN

Das Wunder von Salt Lake City

Sie hatten mit einem Traumstart begonnen und gingen nach 17 Tagen voller Emotionen zu Ende: Die XIX. Winterspiele waren zu einer kaum erwarteten olympischen Erfolgsstory geworden, die viele Gewinner und nur wenige Verlierer sah. Auf 1320 Meter Höhe fühlte man sich gut zwei Wochen lang dem Himmel in mancher Hinsicht nahe, selbst der Wettergott hatte seinen Anteil daran.

Zu den größten Siegern zählte Salt Lake City selbst. Weltoffene Herzlichkeit bestimmte die Atmosphäre in der Metropole Utahs. Die Freundlichkeit der vielen freiwilligen Helfer war überwältigend. Es waren keine »Spiele der Mormonen«, sie bildeten nur die Kulisse. So wie ihr Tempel bei den abendlichen Siegerehrungen vor 20 000 Zuschauern.

Es waren Spiele ohne Superstars, aber mit erstaunlich vielen herausragenden Gesichtern. Zu Publikumslieblingen wurden die deutschen Biathlon-Damen, in allen Rennen auf dem Siegerpodest, dreimal mit Gold dekoriert, darunter dem in der Staffel. Der Sieg des Langlauf-Damenquartetts dagegen: er glich eher einem Märchen.

Claudia Pechstein gewann zum dritten Mal in Serie die 5000 Meter und wurde zur erfolgreichsten deutschen Winter-Olympionikin aller Zeiten. Georg Hackl kehrte mit Silber zurück, seiner fünften Medaille aus fünf Spielen: Ein Mann, der durch die Zeiten fuhr.

Es waren die Spiele der Favoritenstürze und der großen Comebacks: Anni Friesinger und Stephan Eberharter stehen als zwei Namen dafür. Oder der großen Dramen: Da stürzte Michelle Kwan in einer Sekunde aus dem Scheinwerferlicht, und Sarah Hughes sprang in es hinein. Genauso wie Simon Ammann, der neue Jungstar der Springer. Oder wie ein Fritz Strobl als Abfahrts-Triumphator.

Das »Wunder von Salt Lake City« ist für sie wahr geworden, so wie für Ole Einar Björndalen beim Biathlon oder Janica Kostelic bei den Alpinen. Vier Jahre lang kann ihnen diesen Platz an der Sonne keiner nehmen. Den anderen bleibt nur die Hoffnung auf Turin 2006. Genau das erklärt die Faszination Olympias.

Dieter Hennig

»Dies ist der Platz«: Ihr Prophet Brigham Young hielt hier den Zug der Mormonen aus dem Osten 1847 an, um die »Stadt am Salzsee« zu gründen. Der Tempel für die »Heiligen der letzten Tage« im Zentrum bildete während der Spiele jeden Abend die Hintergrundkulisse bei den Siegerehrungen vor 20 000 Zuschauern auf dem Medal Plaza.

Präsidenten-Treffen zum Auftakt der Spiele, oben von links: Jacques Rogge (IOC), George Bush und Mitt Romney, Chef des Salt Lake Organizing Committee (SLOC).

Fünf Indianerstämme lebten vor Ankunft der Weißen in Utah; jeder war bei der Eröffnungsfeier vertreten, um die Athleten aus aller Welt willkommen zu heißen.

Traumstart

Am Morgen hatte es geschneit, die Wasatch Mountains glitzerten weiß, der goldene Engel auf der Spitze des Tempels glänzte in der Sonne, der Himmel war strahlend blau. Salt Lake City, Hauptstadt Utahs und Zentrum der Mormonen, war zum Auftakt der XIX. Olympischen Winterspiele bereit.
Die Eröffnungsfeier im Stadion der Universität begann am Abend vor 55 000 Zuschauern in völliger Stille, als das zerfetzte Sternenbanner hereingetragen wurde, das nach dem Grauen des 11. September aus den Trümmern des World Trade Centers von New York geborgen worden war.
Die Rekordzahl von 77 Ländern zog ein. Über 2500 Athleten waren gemeldet worden: für 78 Wettbewerbe, 10 mehr als in Nagano 1998. Frauenbob gab sein Debüt, Skeleton sein Comeback. US-Präsident George W. Bush eröffnete die Spiele »im Namen einer stolzen, entschlossenen und dankbaren Nation«. Die deutsche Fahne trug Hilde Gerg (Slalom-Gold 1998), Österreich wurde von Angelika Neuner (Rodel-Silber 1992, Bronze 1998) angeführt, die Schweiz von Gian Simmen (Snowboard-Gold 1998). Das Feuer beendete seine 21 726 Kilometer lange Reise durch 46 Staaten der USA. Die große Flamme wurde von jenem US-Eishockeyteam entzündet, das in Lake Placid für eine goldene Sensation gesorgt hatte. Das »Wunder« von damals sollte auf diese Spiele übertragen werden.
Ende 1998 war der Bestechungsskandal aufgedeckt worden, der die Wahl von Salt Lake City 1995 durch das IOC begleitet hatte. Zehn IOC-Mitglieder traten zurück oder wurden ausgeschlossen. Danach trat Mitt Romney an die Spitze des Organisationskomitees SLOC und gewann das Vertrauen zurück. Der Etat von 1,3 Milliarden Dollar war gedeckt, schon bis zur Eröffnung wurden mehr als 90 Prozent der 1,6 Millionen Karten abgesetzt. Nochmals standen die Spiele nach dem 11. September auf dem Spiel, doch der neue IOC-Präsident Jacques Rogge (Belgien) ließ nie einen Zweifel zu, dass sie wie geplant durchgeführt werden würden. 320 Millionen Dollar und 15 000 Experten wurden in die Sicherheit investiert.
Nun hob sich der Vorhang. Im Mittelpunkt der Feier stand der amerikanische Westen, von den Indianerstämmen bis zur Ankunft der Mormonen 1847. Es war ein Willkommen von unerwartet geringem Pathos. Traumbilder auf dem Eis in der Arena verzauberten das Publikum. Am Morgen danach erlebten die Spiele bei Bilderbuch-Wetter einen Traumstart wie im Märchenland.

Olympia-Tagebuch Salt Lake City 2002

Freitag, 8. Februar

Um 21.08 Uhr Ortszeit erklärt US-Präsident George W. Bush vor 56 000 Zuschauern und rund 2500 Athleten aus 77 Nationen im Rice Eccles-Stadium von Salt Lake City die XIX. Olympischen Winterspiele 2002 für eröffnet.

Samstag, 9. Februar

Die erste Goldmedaille geht an die Italienerin Stefania Belmondo im 15 km Freistil-Skilanglauf mit Massenstart.
Erster Medaillengewinn für das deutsche Team durch den Dresdener Eisschnellläufer Jens Boden als überraschender Dritter über die 5000 m.

Sonntag, 10. Februar

Der Österreicher Fritz Strobl in der Abfahrt und der Schweizer Simon Ammann im Skispringen von der Normalschanze gewinnen die ersten Goldmedaillen für ihr Land.
Die Berliner Eisschnellläuferin Claudia Pechstein holt über die 3000 m mit Weltrekord die erste Goldmedaille für das deutsche Team.

Montag, 11. Februar

Gold im Biathlon für Andrea Henkel über die 15 km sowie Silber für Frank Luck über die 20 km und Rodler Georg Hackl.

Dienstag, 12. Februar

Langläufer Andrus Veerpalu holt über die 15 km die erste Goldmedaille für Estland bei Winterspielen.

Mittwoch, 13. Februar

Die Biathletinnen Kati Wilhelm und Uschi Disl feiern einen deutschen Doppelsieg. Bei den Rodlerinnen gibt es durch Sylke Otto den 100. deutschen Olympiasieg bei Winterspielen und durch Barbara Niedernhuber und Silke Kraushaar sogar einen Dreifach-Triumph. Zweites Gold für den Schweizer Simon Ammann im Skispringen von der Großschanze.

Donnerstag, 14. Februar

Silber und Bronze für die Eissprinterinnen Monique Garbrecht-Enfeldt und Sabine Völker über die 500 m. Martina Ertl holt in der Kombination als Dritte die einzige deutsche Medaille bei den Alpinen.

Freitag, 15. Februar

Drei Tage nach der umstrittenen Paarlauf-Entscheidung spricht das IOC den kanadischen Eiskunstlauf-Weltmeistern Jamie Sale/David Pelletier neben den siegreichen Russen Elena Bereschnaja/Anton Sicharulidse ebenfalls die Goldmedaille zu. Patric Leitner/Alexander Resch runden mit dem Triumph im Doppelsitzer die großartige deutsche Rodelbilanz ab.

Samstag, 16. Februar

Biathlet Ricco Groß gewinnt nach zwei vierten Plätzen im Jagdrennen endlich Bronze. Bei den Frauen holt sich Sprint-Olympiasiegerin Kati Wilhelm Silber in derselben Disziplin.

Sonntag, 17. Februar

Christoph Langen/Markus Zimmermann mit Gold im Zweierbob, Eisschnellläuferin Sabine Völker und die Staffel der nordischen Kombinierer mit

Silber sowie die Langläufer-Staffel mit Bronze sind die deutschen Medaillengewinner des Tages.

Montag, 18. Februar

Die Skispringer und die Biathlon-Staffel der Frauen demonstrieren mit den Goldmedaillen Nummer sieben und acht die traditionelle deutsche Stärke in Team-Wettbewerben.

Dienstag, 19. Februar

Überraschende Silbermedaillen gewinnen die Langläufer Evi Sachenbacher und Peter Schlickenrieder bei der Olympia-Premiere des 1,5 km-Sprints. Silber auch für Sandra Prokoff beim Bob-Debüt der Frauen, bei dem Susi Erdmann Dritte wird und die Amerikanerin Vonetta Flowers als erste Farbige Gold bei Winterspielen gewinnt.

Erstes positives Doping-Ergebnis, aber kein offizieller Dopingfall: Die weißrussische Shorttrackerin Julia Pawlowitsch wird nach Verweigerung der B-Probe von der IOC-Exekutive verwarnt.

Mittwoch, 20. Februar

Endlich Gold für Eisschnellläuferin Anni Friesinger über 1500 m. Sabine Völker erhöht hierbei mit Silber ihre Medaillenbilanz von Salt Lake City auf drei. Ebenfalls Platz zwei belegt die Biathlon-Staffel der Männer hinter Norwegen mit dem somit vierfachen Goldmedaillengewinner Ole Einar Björndalen als »König der Spiele«.

Donnerstag, 21. Februar

Die deutschen Langläuferinnen sorgen mit dem zweiten Staffel-Gold nach 1980 für eine riesige Überraschung. Russlands Delegation droht wegen angeblicher Benachteiligung seiner Sportler den Rückzug des Eishockeyteams und der Skilangläufer sowie einen Boykott der Schlussfeier an.

Freitag, 22. Februar

Kein Tag ohne deutsche Medaillen: Silber für Ronny Ackermann im Sprint der Nordischen Kombination. Zum dritten Mal Gold gibt es hier für den Finnen Sampa Lajunen, ebenso wie im Riesenslalom für die Kroatin Janica Kostelic.

Samstag, 23. Februar

Eisschnellläuferin Claudia Pechstein und der von André Lange gesteuerte Viererbob hieven mit den Goldmedaillen Nummer elf und zwölf Deutschland uneinholbar an die Spitze der Medaillenwertung.

Sonntag, 24. Februar

Wenige Stunden vor der Schlussfeier hat Salt Lake City 2002 seinen Skandal. Die drei Langlauf-Olympiasieger Johann Mühlegg aus Spanien sowie die Russinnen Larissa Lasutina und Olga Danilowa werden des Blutdopings überführt und von den Spielen ausgeschlossen.
Den letzten von 78 Wettbewerben gewinnt die kanadische Eishockey-Mannschaft der Männer im »Traumfinale« gegen die USA mit 5:2.
Um 20.10 Uhr Ortszeit erklärt der belgische IOC-Präsident Jacques Rogge die XIX. Olympischen Winterspiele 2002 von Salt Lake City für beendet.

Von Olympia fasziniert: Bremser Shinji Miura, Bob Japan II

Nochmals Bronze: Norwegens Routinier Lasse Kjus

Triumph: Frankreichs Slalomsieger Jean-Pierre Vidal

Springinsfeld: Simon Ammann mit Hannawald und Malysz

Kieferbruch: Eishockey-Crack Jörg Mayr

Geschafft: Kanadas Paarlaufsieger David Pelletier

In Balance: Olympiasieger Alexej Jagudin

Maßarbeit: Eisschnelllauf-»Uhrwerk« Claudia Pechstein

Dabei gewesen: Eistanz-Achte Winkler/Lohse

Vater und Sohn Hoeger rodeln für Venezuela

»Schlittenhunde«: Leitner/Resch im Siegestaumel

»Goldhamster«: Norweger Björndalen viermal vorn

Für die Favoriten war das Siegen auf den Pisten in der Snowbasin Ski Area, im Park City Mountain Resort und im Deer Valley Resort schwerer als erwartet. Dafür sprang eine 20-jährige Kroatin in die Bresche, die man eigentlich nur im Spezial-Slalom auf der Medaillenrechnung hatte. Aber Janica Kostelic gewann zusätzlich den Riesenslalom sowie die Kombination und wurde im Super-G Zweite. Als erste Skirennläuferin überhaupt gewann sie bei einem Olympia vier Medaillen. Stephan Eberharter, den die Österreicher mehrfach auf einem Podestplatz wähnten, gewann kurz vor Schluss noch den Riesenslalom. Auch für die Schweizer klappte nicht alles nach Wunsch, und es blieb nur die bronzene Plakette für Sonja Nef im Riesentorlauf.

Alpine Wettbewerbe

Kjetil Andre Aamodt war der erfolgreichste alpine Ski-Rennläufer bei den Spielen in Salt Lake City. Der Norweger gewann im Super-G und in der Kombination jeweils die Gold-Medaille.

SALT LAKE 2002
19
MIZUNO

Die Kroatin Janica Kostelic demonstrierte in Salt Lake City Skilaufen »von einem anderen Stern«, deklassierte die Konkurrenz und wurde mit dreimal Gold und einmal Silber die Königin der alpinen Wettbewerbe.

LAKE 2002
6

Extravagant und cool, rundherum ein bisschen ausgeflippt. So sind sie, die Athleten und Zuschauer bei den Snowboard- und Freestyle-Wettbewerben. Erst 1998 in Nagano feierten die beiden Snowboard-Events, Halfpipe und Riesenslalom, ihr Olympia-Debüt: Im Freestyle-Wettbewerb Buckelpiste wurden erstmals 1992 in Albertville olympische Medaillen verteilt, zwei Jahre später, 1994 in Lillehammer, dann auch im Springen. Trendsportarten bei Olympia – das Resultat: Eine Mischung aus technisch hochkarätigem, spektakulärem Sport und einer gigantischen Party mit mehr als 15 000 Fans am Rande. Eben einfach ein bisschen ausgeflippt.

Downhill
SALT LAKE
11

Eine Zehntel fehlte

Auch Hilde Gerg hat der »Fluch des ersten Rennens« getroffen, der die deutschen Ski-Damen seit zehn Jahren regelmäßig erreicht. Doch die gescheiterte Medaillen-Anwärterin nahm es gelassen hin. »Klar ist ein vierter Platz für mich nicht erfreulich. Aber ich bin nicht total enttäuscht. Ich nehme es locker, es ist nicht so schlimm«, versicherte sie. In der Tat wirkte sie nicht wie eine bemitleidenswerte Verliererin, für die plötzlich eine Welt zusammengebrochen ist.

Als Mit-Favoritin auf eine Medaille in der Abfahrt war die Slalom-Olympiasiegerin von 1998 angereist, kläglich gescheitert ist sie beim ersten Versuch, eine dritte Olympia-Medaille zu holen, aber nicht. Ein kleiner Patzer oben, ein kleiner Patzer unten – »der Lauf war gut, aber halt nicht perfekt«, urteilte Cheftrainer Wolfgang Maier. Am Ende fehlte ein Wimpernschlag von zehn Hundertstelsekunden zu Bronze, das die Österreicherin Renate Götschl als Dritte hinter Überraschungs-Siegerin Carole Montillet (Frankreich) und Isolde Kostner (Italien) gewann. »Es ist ein bisschen unglücklich, aber eine muss halt Vierte werden. Es ist nicht vernichtend, aber bitter«, sagte Maier.

Weiter meinte er: »Wir sind nicht unten. Wir mussten nicht die große, bittere Niederlage einstecken, sondern waren gut dabei.« Tatsächlich fuhr auch Regina Häusl (Bad Reichenhall) hervorragend und als Zehnte nur um 0,45 Sekunden an Bronze vorbei. Dumm nur, dass das ausgerechnet bei Olympia passierte. »Alles außer Platz eins bis drei zählt nicht«, sagte Maier, und Häusl gab ihm recht: »Mir ist ein guter Lauf gelungen. Aber richtig zufrieden wäre ich nur, wenn ich eine Medaille hätte.«

Hilde Gerg hätte womöglich eine Medaille, wäre da nicht etwas überraschend der Französin Carole Montillet die Fahrt ihres Lebens gelungen. Die 28-Jährige aus Grenoble gewann das erste Gold für eine französische Alpine seit 1968 und war die erste Abfahrts-Siegerin der Grande Nation überhaupt. Und es

STATISTIK

Abfahrt, Damen

12.2.2002, Snowbasin Ski Area, Länge 3140 m

1.	Carole Montillet	FRA	11	1:39,56
2.	Isolde Kostner	ITA	14	1:40,01
3.	Renate Götschl	AUT	15	1:40,39
4.	Hilde Gerg	GER	13	1:40,49
5.	Corinne Rey-Bellet	SUI	21	1:40,54
6.	Selina Heregger	AUT	12	1:40,56
7.	Sylviane Berthod	SUI	18	1:40,67
8.	Melanie Turgeon	CAN	24	1:40,71
9.	Michaela Dorfmeister	AUT	25	1:40,83
10.	Regina Häusl	GER	16	1:40,84
18.	Brigitte Obermoser	AUT	19	1:41,64
19.	Catherine Borghi	SUI	9	1:41,88
26.	Sibylle Brauner	GER	29	1:42,97
A-	Petra Haltmayr	GER	7	

Reihenfolge: Startnummer, Zeit

Super-G, Damen

17.2.2002, Snowbasin Ski Area, Länge 1944 m

1.	Daniela Ceccarelli	ITA	9	1:13,59
2.	Janica Kostelic	CRO	16	1:13,64
3.	Karen Putzer	ITA	2	1:13,86
4.	Alexandra Meißnitzer	AUT	5	1:13,95
5.	Hilde Gerg	GER	8	1:13,99
6.	Michaela Dorfmeister	AUT	4	1:14,08
7.	Carole Montillet	FRA	7	1:14,28
8.	Renate Götschl	AUT	6	1:14,44
9.	Corinne Rey-Bellet	SUI	11	1:14,73
10.	Melanie Suchet	FRA	19	1:14,83
11.	Martina Ertl	GER	18	1:14,84
18.	Catherine Borghi	SUI	33	1:15,62
23.	Petra Haltmayr	GER	1	1:16,25
A-	Tanja Schneider	AUT	15	
A-	Sylviane Berthod	SUI	17	
A-	Regina Häusl	GER	25	

Reihenfolge: Startnummer, Zeit

»Ich habe schon unterwegs gemerkt, dass ich irrsinnig schnell bin«. Carole Montillet gewann nach einem fehlerlosen Sturmlauf auf der »Wildflower«-Piste in Snowbasin als erste Französin Gold in der Abfahrt (großes Bild links). Weniger glücklich endete das Thema Salt Lake City für Petra Haltmayr, die sowohl in der Abfahrt als auch in der Kombinations-Abfahrt stürzte und im Super-G über den 23. Platz nicht hinaus kam. Auch die zuvor hoch gehandelten Österreicherinnen hatten mehr erwartet. Außer mit Silber in der Kombination und Bronze in der Abfahrt durch die erfahrene Renate Götschl (unten) standen sie mit leeren Händen da.

»Einmal eine Zehntelsekunde hinten, einmal Dreizehnhundertstel hinten, so etwas hast du nicht im Griff.« Für die 26-jährige Lenggrieserin Hilde Gerg gab es bei ihren letzten Olympischen Spielen im Super-G und in der Abfahrt zweimal nur »Blech« in Form eines vierten und fünften Platzes.

Österreich am Boden. Schon im Zielraum des Riesenslaloms wusste Alexandra Meißnitzer, dass sie mit Rang vier um 28 Hundertstelsekunden einer Medaille vorbei gefahren war.

Gleich vier Medaillen hatte als erfolgreichste alpine Rennläuferin aller Zeiten bei Olympia am Ende Janica Kostelic gesammelt. Die Kroatin stellte sich mit dreimal Gold auf eine Stufe mit den Ski-Legenden Toni Sailer und Jean-Claude Killy und gewann dazu noch einmal Silber.

gab keinen, der ihr diesen Triumph nicht gegönnt hätte: Montillet fuhr auch für ihre beste Freundin Regine Cavagnoud, die am 31. Oktober 2001 nach einem Zusammenprall mit dem deutschen Trainer Markus Anwander starb.

Gerg im Pech

Hilde Gerg trat als einer der größten Pechvögel der Olympischen Spiele von Salt Lake City die Heimreise nach Deutschland an. Fünf Tage, nachdem sie als Vierte in der Spezial-Abfahrt Bronze nur um eine Zehntelsekunde verpasst hatte, fuhr die 26 Jahre alte Lenggrieserin bei ihrem letzten Olympia-Start erneut nur um einen Wimpernschlag an der sehnlichst erhofften Medaille vorbei. Bei der überraschenden Gold-Fahrt der blonden Italienerin Daniela Ceccarelli verfehlte die Slalom-Olympiasiegerin von 1998 den Sprung auf das Siegerpodest als Fünfte – diesmal um 13 Hundertstelsekunden.

So viel Pech war zu viel für die beste Super-G-Fahrerin der laufenden Weltcup-Saison. »Ich hab's zweimal selbst verschissen. Bei einem Großereignis zweimal so knapp daneben, das kann man kaum noch verkraften«, schluchzte Gerg im Zielraum. Die WM-Dritte des Vorjahres weinte hemmungslos und rang lange vergeblich nach Worten. Verpasst hatte sie die zweite Medaille für die deutschen Ski-Damen nach Kombinations-Bronze von Martina Ertl drei Tore vor dem Ziel: Ein »Hakler« kostete die entscheidenden Hundertstel.

Zurücktreten will sie entgegen ursprünglichen Andeutungen aber erst nach der Saison 2003 mit der WM in St. Moritz. »Ich werde nächstes Jahr definitiv nur noch in der Abfahrt und im Super-G starten«, gab sie knapp zwei Stunden nach dem Olympia-Rennen bekannt.

Ausgerechnet die Römerin Daniela Ceccarelli, die noch nie ein Weltcup-Rennen gewonnen hat, konnte sich bei strahlendem

Sonnenschein über dem Mount Allen als Olympiasiegerin feiern lassen.
Mit einer perfekten Fahrt siegte die »Flachländerin« in Snowbasin hauchdünn vor der überraschend starken Kombinations-Olympiasiegerin Janica Kostelic, die ihr zweites Gold lediglich um vier Hundertstelsekunden verpasste. Am Tag der wenigen Tifosi unter den 22000 Zuschauern machte die Südtirolerin Karen Putzer das Glück für Italien perfekt: Sie belegte mit 27 Hundertstelsekunden Rückstand den Bronze-Rang.
Ein »Olympia zum Vergessen« erlebte neben Hilde Gerg auch Petra Haltmayr. Mit einer Schulterverletzung angereist, schied sie in der Spezial- und der Kombinations-Abfahrt aus. In den Super-G musste sie mit Startnummer eins, patzte nach einem schweren Fehler völlig und landete in 1:16,25 nur auf dem 23. Rang. Regina Häusl (Bad Reichenhall) erreichte nach einem Fahrfehler nach rund 35 Sekunden noch nicht einmal das Ziel.
Nur Martina Ertl schlug sich achtbar: Die Olympia-Dritte in der Kombination erreichte als Elfte (1:14,84) ihr bestes Super-G-Ergebnis dieser Saison: »Ich habe eine Medaille im Gepäck, das ist das Wichtigste. Schade, dass Hilde keine gewonnen hat, das muss man wirklich so sagen.«

Auch Flachländerinnen können bei den Alpinen siegen. Die Römerin Daniela Ceccarelli, die zuvor noch nie einen Weltcup gewonnen hatte, ließ im Super-G die gesamte Elite hinter sich.

Janica Kostelic schrieb Olympia-Geschichte

Die gerade mal 20 Jahre alte Kroatin Janica Kostelic hat bei den Spielen in Salt Lake City olympische Geschichte geschrieben. Sie avancierte nicht nur zur Skikönigin der Spiele 2002, sondern auch zur erfolgreichsten alpinen Skiläuferin in der Historie der Winterspiele.
Denn als erste Skirennläuferin überhaupt gewann die Kroatin bei Olympia vier Medaillen. Nach ihren Siegen in der Kombination und im Slalom sowie Silber im Super-G fuhr die athletische Dame aus Zagreb im abschließenden Riesenslalom in Park City völlig überraschend zum dritten Gold und landete damit endgültig im Olymp. Nur der Österreicher Toni Sailer (1956) und der Franzose Jean-Claude Killy (1968) hatten zuvor dreimal Gold auf einen Streich gewonnen.
Janica Kostelic schrieb Geschichte, und weil auch sie, die in einem Riesenslalom zuvor noch nie auf dem Podest gestanden hatte, von ihrem Sieg »völlig überrascht war«, feierte sie hinterher so ausgelassen wie nie zuvor. Sie ließ sich in den Schnee fallen, sie posierte für die Fotografen, sie lehnte lässig an einem Zaun und winkte strahlend den 25000 Zuschauern zu. Am Ende ging sie in die Knie und führte eine kroatische Polonaise mit Vater Ante und all ihren Begleitern durchs Zielstadion.
Nichts ist mehr unmöglich für Janica Kostelic. Wie schon in der Kombination und im Slalom führte sie schon nach dem ersten Lauf, am Ende gewann sie den Riesenslalom mit satten 1,32 Sekunden Vorsprung vor der Schwedin Anja Paerson und Weltmeisterin Sonja Nef aus der Schweiz, die den deprimierten Eidgenossen die erste Medaille der alpinen Wettbewerbe bescherte.
Im Slalom, in dem fast die Hälfte aller Starterinnen auf der extrem ruppigen Piste »Know You

STATISTIK

Riesenslalom, Damen

22.2.2002, Park City Mountain Resort

1.	Janica Kostelic	CRO	19	2:30,01
	1:16,00 (1) / 1:14,01 (1)			
2.	Anja Paerson	SWE	7	2:31,33
	1:16,87 (4) / 1:14,46 (2)			
3.	Sonja Nef	SUI	1	2:31,67
	1:16,94 (6) / 1:14,73 (3)			
4.	Alexandra Meißnitzer	AUT	10	2:31,95
	1:16,49 (2) / 1:15,46 (6)			
4.	Michaela Dorfmeister	AUT	2	2:31,95
	1:16,89 (5) / 1:15,06 (4)			
6.	Maria Jose Rienda Contreras	ESP	8	2:32,53
	1:16,73 (3) / 1:15,80 (11)			
7.	Ylva Nowen	SWE	14	2:32,78
	1:17,09 (7) / 1:15,69 (10)			
7.	Allison Forsyth	CAN	3	2:32,78
	1:17,36 (12) / 1:15,42 (5)			
9.	Anna Ottosson	SWE	15	2:32,93
	1:17,12 (8) / 1:15,81 (12)			
10.	Karen Putzer	ITA	6	2:32,94
	1:17,43 (13) / 1:15,51 (7)			
13.	Corinne Rey-Bellet	SUI	13	2:33,43
	1:17,92 (16) / 1:15,51 (7)			
15.	Brigitte Obermoser	AUT	16	2:33,68
	1:17,82 (15) / 1:15,86 (14)			
22.	Annemarie Gerg	GER	36	2:36,18
	1:18,79 (24) / 1:17,39 (23)			
A-	Selina Heregger	AUT	20	
	1:17,93 (18) / –			
A-	Petra Haltmayr	GER	42	
	1:19,36 (32) / –			
A-	Monika Bergmann	GER	47	
	1:19,89 (35) / –			
A-	Lilian Kummer	SUI	12	
A-	Martina Ertl	GER	21	
A-	Fränzi Aufdenblatten	SUI	25	

Reihenfolge:
Startnummer im ersten Lauf, Gesamtzeit
1. Lauf (Platzierung), 2. Lauf (Platzierung)

»Flop Schwyz« – die Bronzemedaille von Sonja Nef im Riesenslalom blieb die einzige Ausbeute für die jahrzehntelang sieggewohnten Schweizer Alpinen.

Don't« ausschied, hatte sie vor der Französin Laure Pequegnot (drei Saisonsiege) und der Schwedin Anja Paerson (vier Saisonsiege) gewonnen. Martina Ertl belegte dank zweitbester Zeit (trotz eines Fehlers) im 2. Lauf noch Platz fünf.
Nach drei Knieoperationen im Sommer 2001 kam Kostelic in der Olympia-Saison 2001/2002 nur schwer in Schwung. Ein dritter Platz im Slalom von Berchtesgaden war alles, was sie vor Olympia erreichte.
Doch als es darauf ankam, war sie da. Topfit, mit mehr Kraft als alle anderen und gewohnt nervenstark. Die Gegnerinnen hofften vergeblich auf einen Fehler.
Selbst in ihrer bisher schwächsten Disziplin war die neue Skikönigin auf einmal eine Klasse für sich, als beste Skifahrerin aller Zeiten aber empfand sie sich deswegen noch lange nicht. »Ich bin noch ein kleines Mädchen, das viel lernen muss«, scherzte Janica Kostelic: »Um wirklich die Größte zu werden, muss ich noch viel tun. Pernilla Wiberg oder Vreni Schneider sind noch weit vor mir.«

Erleichterung für Ertl

Der letzte Schritt war der leichteste. Voller Elan stieg Martina Ertl auf die Stufe mit der »3«, kurz danach stieß sie ihren Blumenstrauß in die Luft, als wollte sie sagen: Seht her, ich hab's doch noch geschafft. »Für mich ist ein Traum in Erfüllung gegangen, ich bin überglücklich«, sagte die Lenggrieserin nach dem Gewinn der Bronzemedaille in der Kombination, der einzigen deutschen Alpin-Medaille bei Olympia 2002, immer und immer wieder. Und »stolz wie Oskar« betonte sie: »Diese Medaille widme ich mir selbst. Ich habe von allen die härteste Zeit durchgemacht.«
Die Farbe der Medaille war ihr ohnehin egal. »Ich habe Bronze gewonnen, nicht Gold oder Silber verloren«, bekräftigte Ertl, die nach ihrer besten Slalom-Vorstellung der Saison lediglich den beiden großen Favoritinnen den Vortritt lassen musste: Mit 1,49 Sekunden Vorsprung auf Renate Götschl (Österreich) und 1,88 Sekunden auf Ertl ge-

Platz drei beim Weltcup-Rennen in Berchtesgaden – das war alles, was die letztjährige Seriensiegerin Janica Kostelic als Referenz mit nach Salt Lake City brachte. Am Ende der Spiele verließ die Kroatin die Mormonen-Metropole als Nationalheldin.

STATISTIK

Slalom, Damen

20.2.2002, Deer Valley Resort

1.	Janica Kostelic 52,14 (1) / 53,96 (5)	CRO	7	1:46,10
2.	Laure Pequegnot 52,32 (2) / 53,85 (4)	FRA	5	1:46,17
3.	Anja Paerson 52,57 (4) / 54,52 (8)	SWE	1	1:47,09
4.	Ylva Nowen 53,08 (5) / 54,10 (6)	SWE	4	1:47,18
5.	Martina Ertl 54,08 (9) / 53,74 (2)	GER	13	1:47,82
6.	Monika Bergmann 54,18 (11) / 53,80 (3)	GER	14	1:47,98
7.	Vanessa Vidal 53,70 (8) / 54,41 (7)	FRA	15	1:48,11
8.	Henna Raita 54,75 (13) / 53,65 (1)	FIN	20	1:48,40
9.	Natasa Bokal 55,02 (14) / 54,92 (9)	SLO	23	1:49,94
10.	Nicole Gius 55,57 (21) / 55,44 (10)	ITA	43	1:51,01
A-	Sonja Nef 53,32 (6) / -	SUI	6	
A-	Marlies Oester 53,64 (7) / -	SUI	10	
A-	Renate Götschl 54,31 (12) / -	AUT	16	
A-	Corina Grünenfelder 54,13 (10) / -	SUI	18	
A-	Carina Raich 55,10 (15) / -	AUT	19	
A-	Christine Sponring 55,42 / (20) / -	AUT	22	
A-	Marlies Schild	AUT	21	
A-	Annemarie Gerg	GER	26	

Reihenfolge:
Startnummer im ersten Lauf, Gesamtzeit
1. Lauf (Platzierung) / 2. Lauf (Platzierung)

wann die Kroatin Janica Kostelic dank einer starken Abfahrt das erste Einzel-Gold überhaupt bei Olympia für ihr Land. Besonders bemerkenswert: Wieder gewann Ertl ausgerechnet zu einem Zeitpunkt eine Medaille, als es keiner erwarten konnte. Der Auftritt in Snowbasin ähnelte jenem im Februar 2001 in St. Anton, als sie kurz nach einer Knieverletzung ohne Erwartungen angereist war und dann überraschend Gold in der Kombination gewann. »Das Gold in St. Anton war ganz anders«, versicherte Ertl: »Diese Medaille bei Olympia ist nach meiner schlechtesten Saison von der sportlichen Leistung her viel mehr wert.«
Dabei war die Leistung von Martina Ertl auch diesmal beeindruckend. »Es ist schon toll, dass man ausgerechnet bei Olympia zum ersten Mal in der Saison aufs Podium fährt«, lobte sie sich selbst. Ihre Freude war mehr als verständlich: Die Saison war bis dahin ein Desaster und fast jedes Rennen eine Qual gewesen. Berchtesgaden am 19. Januar war für die 28-Jährige dann der absolute Tiefpunkt: Rang 64 (!) in ihrer einstigen Paradedisziplin Riesenslalom. »Damals hätte ich am liebsten alles hingeschmissen«, bekannte Ertl.

Nach der Erfolgsserie von Nagano fiel auch das deutsche Team diesmal in ein tiefes Loch. Lediglich eine Medaille gab es in der Kombination durch Martina Ertl, die nach einer völlig verkorksten Saison bei Olympia erstmals in diesem Winter auf dem Podium stand.

STATISTIK

Kombination, Damen

14.2.2002, Snowbasin Ski Area

1.	Janica Kostelic 1:27,28 (1) / 1:16,00 (3)	CRO	2:43,28
2.	Renate Götschl 1:29,50 (4) / 1:15,27 (1)	AUT	2:44,77
3.	Martina Ertl 1:28,38 (2) / 1:16,78 (7)	GER	2:45,16
4.	Marlies Oester 1:29,34 (3) / 1:17,27 (10)	SUI	2:46,61
5.	Michaela Dorfmeister 1:31,00 (7) / 1:15,85 (2)	AUT	2:46,85
6.	Lindsey C. Kildow 1:31,44 (9) / 1:16,61 (4)	USA	2:48,05
7.	Genevieve Simard 1:29,88 (5) / 1:18,26 (17)	CAN	2:48,14
8.	Catherine Borghi 1:31,91 (10) / 1:16,88 (8)	SUI	2:48,79
9.	Jenny Owens 1:32,35 (12) / 1:16,96 (9)	AUS	2:49,31
10.	Sara-Maude Boucher 1:31,27 (8) / 1:18,10 (16)	CAN	2:49,37
11.	Selina Heregger 1:32,40 (16) / 1:17,29 (12)	AUT	2:49,69
A-	Petra Haltmayr 1:32,32 (13) /–	GER	
A-	Hilde Gerg 1:33,27 (17) /–	GER	
A-	Christine Sponring –/–	AUT	

Reihenfolge: Gesamtzeit
Gesamtzeit 2 Slalomläufe (Platzierung) – Abfahrtslauf (Platzierung)

»Fritz the cat« macht Austria felix

Als »Fritz the cat« auf sanften Pfoten auf den olympischen Gipfel geschlichen war, verabschiedete sich ganz Österreich freudig ins Delirium. »Gold-Friedl entzaubert Eberharter und den Rest der Welt«, jubelte der Wiener Kurier und hob sogleich den europäischen Wirtschaftsaspekt des Sieges hervor: »Fritz Strobl ist der erste Österreicher, der auf einem französischen Ski gewonnen hat.«
Es lebe der Euro, aus Gold wird Geld. Rund 2,5 Millionen Euro wird Fritz Strobl nach Schätzung österreichischer Experten in Zukunft pro Jahr verdienen. »Wenn er es gescheit anstellt, hat er für den Rest des Lebens ausgesorgt«, stellte ÖSV-Präsident Peter Schröcksnadl fest. Der Mann kennt sich aus, schließlich kümmert er sich als Manager auch um die Verträge von Hermann Maier, mit einem Jahreseinkommen von fünf Millionen Euro der bestbezahlte Skifahrer der Welt.
Der »Herminator« pflegte sein verletztes Bein derweil im Urlaub auf den Bahamas, aber auch ohne den Star war das beste Abfahrtsteam der Welt in Snowbasin nicht zu schlagen. Mit Startnummer zehn raste Fritz Strobl auf der »Grizzly-Abfahrt« zum Triumph, Silber gewann wie schon in Nagano 1998 der

Norweger Lasse Kjus. Strobls Landsmann Stephan Eberharter, haushoher Favorit und mit neun Saisonsiegen der beste Skifahrer der Gegenwart, musste sich mit Bronze begnügen.
Für das rot-weiß-rote Wunderteam war nach dem ersten Abfahrtsgold seit Patrick Ortlieb 1992 die Operation »Gold in Amerika« somit schon nach dem ersten Rennen fast erledigt. »Wenn man die Männer-Abfahrt gewinnt, ist eigentlich schon alles gewonnen«, sagte Schröcksnadl und verdeutlichte den Stellenwert der Königsdisziplin: »Der Rest ist nur noch Zugabe.«
Derweil genoss Fritz Strobl mit Tränen in den Augen den schönsten Tag seines Lebens. »Ich wusste schon im Zielhang, dass ich keinen großen Fehler gemacht habe, und dachte, wenn Gott es will, bist du heute der Schnellste«, schilderte der 29-jährige Kärntner seine Gedanken auf der Strecke. Als ihm das Gold nicht mehr zu nehmen war, genehmigte sich der zurückhaltende Bauernsohn aus Steinfeld erst mal einen Schnaps, den sein Trainer Robert Trenkwalder aus dem Anorak zauberte.
Vererbt hat der »alte Fritz« die Ruhe offenbar seinen zwei Söhnen Mario (vier Jahre) und Simon (acht Monate). Als er noch im Zielraum mit seiner Frau Bettina und dem Ältesten telefonierte, hatte der kaum Zeit: »Gratuliere, Papa, aber ich muss jetzt schnell was anderes machen.« Auch seine Eltern, deren Bauernhof in Gerlamoos er nach dem Ende der Karriere übernehmen will, bekam Strobl nicht zu fassen: »Die waren irgendwo zum Feiern unterwegs. Ich habe nur auf den Anrufbeanworter gesprochen.«

STATISTIK

Abfahrt, Herren

10.2.2002, Snowbasin Ski Area, Länge 3020 m

1.	Fritz Strobl	AUT	10	1:39,13
2.	Lasse Kjus	NOR	13	1:39,35
3.	Stephan Eberharter	AUT	9	1:39,41
4.	Kjetil Andre Aamodt	NOR	12	1:39,78
5.	Claude Cretier	FRA	19	1:39,96
6.	Christian Greber	AUT	7	1:40,00
7.	Fredrik Nyberg	SWE	3	1:40,30
8.	Ambrosi Hoffmann	SUI	15	1:40,31
9.	Marco Sullivan	USA	31	1:40,37
10.	Sebastien Fournier	FRA	2	1:40,39
14.	Didier Cuche	SUI	14	1:40,76
15.	Franco Cavegn	SUI	11	1:40,81
20.	Christoph Gruber	AUT	22	1:41,25
21.	Didier Defago	SUI	29	1:41,27
34.	Max Rauffer	GER	30	1:42,52

Reihenfolge: Startnummer, Zeit

Holten Gold für Österreich: Fritz Strobl (unten) gewann mit dem Abfahrtslauf die »Königsdisziplin« der Alpinen Ski-Sportler. Hatte Favorit Stephan Eberharter nach diesem Rennen trotz seiner Bronze-Medaille noch Trübsal geblasen, konnte er sich nach seinem Sieg im Riesenslalom dann doch freuen (linke Seite).

Schrieb Geschichte: Kjetil Andre Aamodt aus Norwegen ist nach seinen zwei Gold-Medaillen von Salt Lake City der erfolgreichste Fahrer in der alpinen Olympia-Historie. Benjamin Raich (unten) steuerte zu den sechs Medaillen der Österreicher Bronze in der Kombination bei.

Aamodt grinst – Eberharter mault

»König« Kjetil Andre Aamodt grinste sich eins und grüßte huldvoll das jubelnde Volk, der gestürzte Favorit stand bedröppelt daneben und verstand die Welt nicht mehr. »Hier ist Gold leichtfertig verspielt worden«, maulte Stephan Eberharter nach der bitteren Niederlage im olympischen Super-G und beschwerte sich massiv über seine Trainer: »Ich bin am Start ungenügend informiert worden, die Kommunikation hat nicht geklappt. Keiner hat mir gesagt, dass der Kurs unten so stark dreht.«

Während das seit Januar 1997 in 32 Rennen 29-mal siegreiche rot-weiß-rote Team sein blaues Wunder erlebte und sich aufgrund einer falschen Linienwahl im Zielhang mit den Plätzen zwei bis vier zufrieden geben musste, krönte sich der Norweger Kjetil Andre Aamodt endgültig zum alpinen Ski-König der Winterspiele. Drei Tage nach seinem Triumph in der Kombination vor US-Jungstar Bode Miller und dem Österreicher Benjamin Raich raste der 30-Jährige dank einer taktischen Meisterleistung im Super-G zum zweiten Gold nach 1992 und schrieb als erfolgreichster Alpiner aller Zeiten ein großes Stück Skigeschichte.

Dreimal Gold, insgesamt sieben Medaillen – keiner hat bei Olympia mehr gewonnen als der große Aamodt. Der Italiener Alberto Tomba (1988/92), der Franzose Jean-Claude Killy (1968) und der Österreicher Toni Sailer (1956) sowie Katja Seizinger (1994/98), die Schweizerin Vreni Schneider (1988/94) und die Italienerin Deborah Compagnoni (1992/94/98) gewannen zwar auch je dreimal Gold, aber insgesamt weniger Medaillen.

Kein Wunder, dass der schweigsame Aamodt nach dem historischen Coup an höhere Mächte glaubte. »Ich hatte keine Erwartungen mehr, weil das Kombi-Gold für mich schon das Wichtigste war. Irgendjemand will mir hier Gutes tun. Es ist ein großartiges Gefühl, Geschichte zu schreiben.« Mit der Startnummer drei nutzte Aamodt auf der tückischen »Grizzly«-Abfahrt die Gunst der Stunde. Am Ende lag er nur eine Zehntelsekunde vor Eberharter sowie dessen Landsleuten Andreas Schifferer und Abfahrts-Olympiasieger Fritz Strobl. Sechs Jahre lang hat Aamodt im Weltcup keinen Super-G mehr gewonnen, doch auch dafür hatte er eine Erklärung parat: »Medaillen kann man nicht planen, sie geschehen.«

Und so geschah es, dass viele Favoriten wie der Schweizer Didier Cuche oder der norwegische Abfahrts-zweite Lasse Kjus den »Buffalo-Jump« bei der Einfahrt in den steilen Zielhang unter-

STATISTIK

Kombination, Herren

13.2.2002, Snowbasin Ski Area

1.	Kjetil Andre Aamodt 1:38,79 (1) / 1:38,77 (4)	NOR	3:17,56
2.	Bode Miller 1:41,23 (15) / 1:36,61 (1)	USA	3:17,84
3.	Benjamin Raich 1:41,05 (13) / 1:37,21 (3)	AUT	3:18,26
4.	Rainer Schönfelder 1:41,90 (23) / 1:36,77 (2)	AUT	3:18,67
5.	Lasse Kjus 1:38,97 (2) / 1:40,83 (7)	NOR	3:19,80
6.	Paul Accola 1:39,62 (4) / 1:42,64 (10)	SUI	3:22,26
7.	Patrick Staudacher 1:39,23 (3) / 1:43,24 (11)	ITA	3:22,47
8.	Jean-Philippe Roy 1:43,31 (31) / 1:39,37 (6)	CAN	3:22,68
9.	Jernej Koblar 1:41,70 (19) / 1:41,77(9)	SLO	3:23,47
10.	Stanley Hayer 1:45,30 (37) / 1:39,14 (5)	CZE	3:24,44
11.	Kilian Albrecht 1:43,32 (32) / 1:41,63 (8)	AUT	3:24,95
A-	Michael Walchhofer 1:39,94 (5) / –	AUT	
A-	Didier Defago 1:40,04 (6) / –	SUI	
A-	Bruno Kernen 1:40,07 (7) / –	SUI	

Reihenfolge: Gesamtzeit
Zeit Abfahrt / Platzierung,
Gesamtzeit 2 Slalomläufe / Platzierung

STATISTIK

Super-G, Herren

16.2.2002, Snowbasin Ski Area, Länge 2018 m

1.	Kjetil Andre Aamodt	NOR	3	1:21,58
2.	Stephan Eberharter	AUT	7	1:21,68
3.	Andreas Schifferer	AUT	11	1:21,83
4.	Fritz Strobl	AUT	10	1:21,92
5.	Bjarne Solbakken	NOR	15	1:22,10
6.	Didier Defago	SUI	13	1:22,27
7.	Christoph Gruber	AUT	8	1:22,35
8.	Daron Rahlves	USA	4	1:22,48
9.	Thomas Vonn	USA	33	1:23,22
10.	Paul Accola	SUI	1	1:23,33
12.	Tobias Grünenfelder	SUI	28	1:23,43
22.	Max Rauffer	GER	16	1:24,54
DQ	Didier Cuche	SUI	5	

Reihenfolge: Startnummer, Zeit

aber im Zielhang Gold: Fünf Zehntel nahm ihm Aamodt auf den letzten 20 Sekunden ab. Eberharter schimpfte auf die Trainer, Abfahrts-Coach Robert Trenkwalder konterte, und mitten drin stand ÖSV-Präsident Peter Schröcksnadl und schüttelte nur noch den Kopf: »Ja, seid's denn alle deppert? Eigentlich sollten wir uns bedanken, dass die anderen so schlecht runtergekommen sind, sonst hätten wir gar keine Medaille.«

Medaillen-Satz: Einmal Gold, einmal Silber und einmal Bronze – Stephan Eberharter aus Österreich verabschiedete sich mit drei Plaketten von seinen letzten Olympischen Spielen und fuhr im allerletzten Rennen, dem Riesenslalom, den Sieg heraus.

Österreich feiert den »Dominator«

Als der »ewige Zweite« endlich im Olymp angekommen war, fiel er einfach nach hinten um. Erschöpft, aber glücklich lag Stephan Eberharter im Schnee und genoss den schönsten Augenblick seines Lebens ein paar Sekunden lang ganz für sich allein. Dann stand er auf, grüßte lässig die 25 000 jubelnden Zuschauer im Zielstadion und schüttelte den zwei großen Rivalen Bode Miller und Lasse Kjus ebenso gelassen die Hand.

Eberharter blieb Eberharter, auch wenn ihm etwas Einmaliges gelungen war. Ausgerechnet im letzten olympischen Rennen seiner langen Karriere hatte der 32 Jahre alte Österreicher im Riesenslalom von Park City sein erstes Gold gewonnen und damit Geschichte geschrieben. Er ist nun der älteste Alpin-Olympiasieger aller Zeiten. »Das ist eine der größten Leistungen der Skigeschichte«, brüllte Österreichs Alpinchef Hans Pum im Zielraum: »Er stand unter Druck wie keiner vor ihm. Wenn es einer verdient hat, ganz oben zu stehen, dann er.«

Manchmal siegt im Leben doch die Gerechtigkeit. Nach Bronze schätzten und die folgenden beiden Tore gar nicht oder nur gerade noch erwischten. Eberharter, der vor Olympia drei von vier Super-Gs gewann, kam zwar gerade noch durch, verlor

STATISTIK

Riesenslalom, Herren

21.2.2002, Park City Mountain Resort

1.	Stephan Eberharter 1:11,98 (1) / 1:11,30 (2)	AUT	4	2:23,28
2.	Bode Miller 1:12,89 (7) / 1:11,27 (1)	USA	1	2:24,16
3.	Lasse Kjus 1:12,79 (3) / 1:11,53 (6)	NOR	16	2:24,32
4.	Benjamin Raich 1:12,83 (5) / 1:11,57 (7)	AUT	2	2:24,40
5.	Christoph Gruber 1:12,82 (4) / 1:11,59 (8)	AUT	9	2:24,41
6.	Bjarne Solbakken 1:13,15 (10) / 1:11,35 (3)	NOR	23	2:24,50
7.	Kjetil Andre Aamodt 1:13,14 (9) / 1:11,48 (4)	NOR	15	2:24,62
8.	Massimiliano Blardone 1:12,72 (2) / 1:12,15 (17)	ITA	10	2:24,87
9.	Ivica Kostelic 1:13,05 (8) / 1:11,87 (13)	CRO	17	2:24,92
10.	Didier Cuche 1:13,25 (12) / 1:11,75 (10)	SUI	6	2:25,00
11.	Michael von Grünigen 1:13,27 (13) / 1:11,80 (11)	SUI	5	2:25,07
14.	Didier Defago 1:13,74 (17) / 1:11,80 (11)	SUI	13	2:25,54
A-	Tobias Grünenfelder 1:14,15 (24) / -	SUI	24	
A-	Hans Knauss	AUT	11	

Außer Spesen nichts gewesen: Der Leitzachtaler Max Rauffer (oben) und der Schweizer Didier Cuche (unten rechts) blieben ohne Erfolg. Stephan Eberharter lag im Ziel zwar am Boden, stand aber nach dem Riesenslalom ganz oben auf dem Treppchen. Nach dem Slalom ließen sich drei Außenseiter feiern (Bild Seite 33 von links): Sebastian Amiez, Jean-Pierre Vidal (beide Frankreich) und Alain Baxter (Großbritannien).

in der Abfahrt und Silber im Super-G schien der beste Skifahrer der Gegenwart schon auf dem Weg zum großen Verlierer Olympias. Doch dann nutzte er ausgerechnet in jener Disziplin, in der auch er selbst am wenigsten erwartet hatte, seine Chance. »Der Sieg ist für mich die Krönung, denn der Riesenslalom ist die schwerste Disziplin«, sagte Eberharter sichtlich stolz. 1998 in Nagano hatte er hinter seinem Landsmann Hermann Maier im Riesenslalom Silber gewonnen, vier Jahre später trat er endgültig aus dessen Schatten. Der ruhige Skirennfahrer aus Stumm im Zillertal mag den Vergleich mit dem »Herminator« nicht, aber er scheut ihn auch nicht. »Ich habe akzeptiert, dass Maier in den letzten Jahren der Beste war. Er war es, den man schlagen musste. Trotzdem denke ich nicht an ihn, sondern konzentriere mich nur auf mich

STATISTIK

Slalom, Herren

23.2.2002, Deer Valley Resort

1.	Jean-Pierre Vidal 48,01 (1) / 53,05 (7)	FRA	3	1:41,06
2.	Sebastien Amiez 50,16 (8) / 51,66 (1)	FRA	11	1:41,82
3.	Alain Baxter 50,16 (8) / 52,16 (2)	GBR	20	1:42,32
4.	Benjamin Raich 49,34 (3) / 53,07 (8)	AUT	9	1:42,41
5.	Kilian Albrecht 50,26 (10) / 52,19 (3)	AUT	12	1:42,45
6.	Urs Imboden 49,61 (5) / 52,87 (6)	SUI	24	1:42,48
7.	Kjetil Andre Aamodt 49,92 (7) / 52,80 (5)	NOR	8	1:42,72
8.	Markus Larsson 50,29 (11) / 52,57 (4)	SWE	19	1:42,86
9.	Jure Kosir 49,80 (6) / 53,54 (11)	SLO	10	1:43,34
10.	Ole Christian Furuseth 51,03 (18) / 53,36 (10)	NOR	18	1:44,39
15.	Michael von Grünigen 51,38 (22) / 53,97 (13)	SUI	16	1:45,35
A-	Rainer Schönfelder	AUT	2	
A-	Manfred Pranger	AUT	17	
A-	Markus Eberle	GER	21	

Reihenfolge: Startnummer, Gesamtzeit
1. Lauf (Platzierung) / 2. Lauf (Platzierung)

und mein Skifahren.« Stephan Eberharter – ein Leben wie auf der Achterbahn. 1991 im Alter von 21 Jahren der steile Aufstieg zum Doppel-Weltmeister in Saalbach, danach Schlüsselbeinbruch (1992), Kreuzbandriss (1993) und 1996 der Absturz ins Europacup-Team. Erst 1997 kehrte er in das rot-weiß-rote Weltcup-Team zurück. Wer so tief unten war, weiß auch mit Höhenflügen umzugehen. Noch nach dem Super-G hatte Eberharter seinen Frust an den Trainern ausgelassen, weil sie ihn nicht über eine kritische Stelle im Zielhang informiert hätten. Nur deshalb habe er Gold an Kjetil-Andre Aamodt verloren. Schon zwei Tage später war der Ärger verraucht: »Ich verspürte keinen Druck und hatte deshalb schon am Morgen ein super Gefühl.«

Mit neun Saisonsiegen im Gepäck war er nach Salt Lake City gekommen, fünf Abfahrten und drei Super-G hatte er im Weltcup gewonnen, aber nur einen Riesenslalom. Doch als es darauf ankam, war er da. Schon nach dem ersten Lauf führte er mit 0,74 Sekunden Vorsprung, am Ende siegte er mit 0,88 Sekunden vor dem Amerikaner Bode Miller und dem Norweger Lasse Kjus, der den Gegner lobte: »Stephan war heute unschlagbar.«

Frankreich feiert Vidal

Unbeeindruckt von einer nahezu unbefahrbaren und extrem eisigen »Rüttel-Piste« erkämpfte sich der Franzose Jean-Pierre Vidal beim olympischen Slalom in Deer Valley das ersehnte Gold. Einen Tag vor seinem 25. Geburtstag bescherte er damit der »Grande Nation« den ersten Slalom-Olympiasieger seit Jean-Claude Killy 1968. 15 000 Zuschauer feierten unter grauem Himmel die Helden eines verrückten Rennens. Mit der Startnummer drei nutzte der Franzose die Gunst der Stunde, fuhr im ersten Lauf zur Bestzeit und rettete sich im zweiten Durchgang auf brechender Piste gerade noch ins Ziel. Zweiter wurde sein Landsmann Sebastien Amiez, Bronze erkämpfte sich der Schotte Alain Baxter, der Großbritannien die erste alpine Olympiamedaille überhaupt bescherte. Diese beiden hatten nach dem ersten Lauf zeitgleich auf Rang acht gelegen.

Amerikas Hoffnung Bode Miller, nach dem ersten Lauf noch auf Rang zwei und schon zweimal mit Silber in der Kombination und im Riesenslalom dekoriert, verpatzte den zweiten Lauf völlig, stieg sogar einmal zurück und kam mit über zehn Sekunden Rückstand ins Ziel. Für Markus Eberle aus dem Kleinwalsertal endete sein letzter Olympia-Auftritt mit einer herben Enttäuschung. Nach nur 16 Sekunden Fahrzeit schied der einzige deutsche Starter aus, bewies aber immerhin Humor: »Vielleicht gehe ich jetzt zu den Langläufern, da bin ich länger im Bild.«

So standen als Bilanz für die deutschen Herren lediglich die Plätze 22 im Super-G und 34 in der Abfahrt des Leitzachtalers Max Rauffer in den Ergebnis-Listen. Dessen eher touristische Vorstellung stufte Cheftrainer Martin Oswald freilich mit den passenden Worten ein: »Nicht olympiawürdig.«

Erst seit den vierten Olympischen Winterspielen 1936 in Garmisch-Partenkirchen ist der alpine Ski-Rennsport Programmpunkt. Seinerzeit gab es für eine Kombination aus Abfahrt und Spezialslalom nur eine Goldmedaille, die an die Deutschen Christl Cranz und Franz Pfnür ging. Bergab geht es immer, bei Höhenunterschieden von um die 200 Meter im Slalom bis zu über 1000 Meter in der Abfahrt. Und das bei Geschwindigkeiten bis zu 100 km/h im Super-G oder gar 130 Stundenkilometern in der »Königsdisziplin«.

Im Freestyle-Eldorado USA siegten die anderen: zum Beispiel die Norwegerin Kari Traa auf der Buckelpiste. Die 28-Jährige, die nach ihrem Sieg in der Qualifikation im Finale als letzte Starterin auf den Kurs ging, verdrängte die bis dahin führende Shannon Bahrke vom ersten Platz und wurde ihrer Favoritenstellung mit einem Vorsprung von fast einem Punkt gerecht.

Vom Staudamm aufs Goldpodest

Down under« blieb auch im fernen Salt Lake City obenauf. Nur zwei Tage nach dem historischen ersten Gold bei Winterspielen für Australien durch den Shorttracker Steven Bradbury schloss Springerin Alisa Camplin, die mit 19 Jahren zum ersten Mal auf Skiern und im Weltcup noch nie auf einem Siegerpodest stand, die Freestyle-Wettbewerbe im Deer Valley Resort vor 12 000 begeisterten Zuschauern mit einem weiteren australischen Sensationssieg ab. »Es ist schon verrückt. Wir liegen in der Medaillenwertung vor Österreich. Und das, obwohl wir eher ein sonniges Land sind und kaum Schnee haben«, sagte die 27-Jährige grinsend.

Die Schweizer Weltrekordlerin Evelyne Leu zahlte mit einer Bruchlandung für ihren Mut zum Risiko, dasselbe Missgeschick widerfuhr bei den Männern dem amerikanischen Top-Favoriten Eric Bergoust. Die »Harakiri-Taktik« zahlte sich dagegen für den nach dem ersten Durchgang nur auf Rang fünf liegenden Tschechen Ales Valenta voll aus, der seinen mit Höchstschwierigkeiten gespickten Sprung sicher landete und Gold holte.

Da zuvor auf der Buckelpiste die Norwegerin Kari Traa und der Finne Janne Lahtela die Nase vorn hatten, blieben die hoch eingeschätzten Amerikaner in allen vier Freestyle-Entscheidungen, die ohne deutsche Beteiligung stattfanden, ohne Gold.

STATISTIK

Freestyle, Springen, Damen
18.2.2002, Deer Valley Resort

1.	Alisa Camplin 93,72 / 99,75	AUS	193,47
2.	Veronica Brenner 90,09 / 99,93	CAN	190,02
3.	Deidra Dionne 88,98 / 100,28	CAN	189,26
4.	Olga Korolewa 97,65 / 90,72	RUS	188,37
5.	Nina Li 87,25 / 97,98	CHN	185,23
6.	Anna Sukal 83,52 / 90,72	RUS	174,24
7.	Natalia Oretschowa 86,15 / 84,39	RUS	170,54
8.	Lydia Ierodiaconou 84,49 / 84,89	AUS	169,38
9.	Alla Zuper 96,73 / 68,19	BLR	164,92
10.	Veronika Bauer 84,66 / 69,22	CAN	153,88
11.	Evelyne Leu 72,39 / 74,92	SUI	147,31
20.	Manuela Müller	SUI	

Reihenfolge: Gesamtpunktzahl
1. Durchgang / 2. Durchgang

Freestyle, Springen, Herren
19.2.2002, Deer Valley Resort

1.	Ales Valenta 127,04 / 129,98	CZE	257,02
2.	Joe Pack 129,49 / 122,15	USA	251,64
3.	Alexej Gritschin 129,71 / 121,48	BLR	251,19
4.	Jeff Bean 128,60 / 122,37	CAN	250,97
5.	Stanislaw Krawtschui 125,49 / 120,81	UKR	246,30
6.	Brian Currutt 123,93 / 121,26	USA	245,19
7.	Dimitri Daschinski 127,04 / 117,25	BLR	244,29
8.	Andy Capicik 117,18 / 126,60	CAN	243,78
9.	Jeret Peterson 112,56 / 125,49	USA	238,05
10.	Dimitri Rai 98,41 / 127,93	BLR	226,34
13.	Christian Kaufmann	SUI	
21.	Martin Walti	SUI	

Reihenfolge: Gesamtpunktzahl
1. Durchgang / 2. Durchgang

Alisa Camplin war dies in der Stunde ihres größten Triumphes sicher egal. Die frühere Kunstturnerin aus Melbourne war erst spät zum Freestyle-Springen gekommen: »Als ich mit 19 anfangen wollte, haben mich alle ausgelacht. Ich konnte ja noch nicht einmal Skifahren.« Der anschließende Lernprozess forderte zahlreiche Brüche und insgesamt neun Gehirn-Erschütterungen. »Nach der letzten vor einem Jahr hat mein Arzt befohlen, ich solle aufhören«, sagte die gelernte Buchhalterin. Doch sie gab nichts auf diesen Rat und machte natürlich weiter. Mangels Schnee trainiert sie entweder in Kanada – oder springt zu Hause mit Freestyle-Ski von einem Staudamm.

In der Buckelpiste muss eine Steilstrecke (24 bis 32 Grad Gefälle) mit einer Länge von rund 250 Metern durchfahren werden. Die Jury bewertet die Technik und das aggressive Laufen. Zwei spontane Sprünge müssen bei jeder Fahrt ausgeführt werden. Insgesamt sieben Kampfrichter errechnen aus dem Laufrhythmus, den Sprüngen und der Zeit das Gesamt-Resultat.

STATISTIK

Freestyle, Buckelpiste, Damen

9.2.2002, Deer Valley Resort, Länge 262 m

1.	Kari Traa	NOR	25,94
2.	Shannon Bahrke	USA	25,06
3.	Tae Satoya	JPN	24,85
4.	Jennifer Heil	CAN	24,84
5.	Hannah Hardaway	USA	24,77
6.	Aiko Uemura	JPN	24,66
7.	Ann Battelle	USA	24,62
8.	Sandra Laoura	FRA	24,12
9.	Marina Tscherkassowa	RUS	23,52
10.	Margarita Marbler	AUT	23,18

Freestyle, Buckelpiste, Herren

12.2.2002, Deer Valley Resort, Länge 262 m

1.	Janne Lahtela	FIN	27,97
2.	Travis Mayer	USA	27,59
3.	Richard Gay	FRA	26,91
4.	Jonny Moseley	USA	26,78
5.	Tapio Luusua	FIN	26,67
6.	Scott Bellavance	CAN	26,55
7.	Ryan Johnson	CAN	26,55
8.	Mikko Ronkainen	FIN	26,49
9.	Jeremy Bloom	USA	26,19
10.	Sami Mustonen	FIN	26,08
19.	Christian Stohr	SUI	

Hoch hinaus wollte Nicola Thost in der Halfpipe, doch für die Olympia-Siegerin von 1998 in Nagano reichte es diesmal lediglich für den elften Rang.

Überraschung durch Schweizer Philipp Schoch

Viel versprochen, nichts gehalten: Die deutschen Snowboarder haben sich im Park City Mountain Resort bis auf die Knochen blamiert. Dagegen verbuchten die Schweizer durch Philipp Schoch bei der Olympia-Premiere des Parallel-Riesenslaloms überraschend die Goldmedaille. Der 22-jährige Snowboard-Profi, gelernter Baumaschinenführer aus Steg, kam am besten mit der extrem glatten Piste zurecht. Ebenso überraschend hatte die Französin Isabelle Blanc den Damen-Wettbewerb im Parallel-Riesenslalom für sich entschieden.

In der Halfpipe hatte es zuvor US-Triumphe gegeben; bei den Frauen durch die 18-jährige Junioren-Weltmeisterin Kelly Clark sowie bei den Männern durch Ross Powers vor Danny Kass und Jarret Thomas sogar einen Dreifach-Erfolg.

Vier Jahre nach Gold durch Nicola Thost in der Halfpipe und Silber im Riesenslalom durch Heidi Renoth kamen die deutschen Brett-Artisten diesmal nicht einmal in die Nähe von Medaillen: Nicola Thosts 11. Platz in der Halfpipe war noch das beste Ergebnis. Im Riesenslalom scheiterten Katharina Himmler aus München und der Rosenheimer Mathias Behounek am Finaltag bereits in der ersten Runde. Die als Medaillen-Kandidatin gehandelte Heidi Renoth und Ex-Weltmeister Markus Ebner waren bereits in der Qualifikation ausgeschieden.

Disziplin-Cheftrainer Uwe Beier redete das schwache Abschneiden seiner Athleten dennoch schön und konnte auch die harsche Kritik von DSV-Sportdirektor Thomas Pfüller – »wir müssen uns ein neues System überlegen« – nicht akzeptieren: »Da herrscht in der Öffentlichkeit ein falsches Bild. Da kommen Aussagen, die größtenteils nicht korrekt sind.«

Vor 18 000 begeisterten Zu-

STATISTIK

Snowboard, Halfpipe, Damen

10.2.2002, Park City Mountain Resort

1.	Kelly Clark 40,8 / 47,9	USA	47,9
2.	Doriane Vidal 43,0 / 36,5	FRA	43,0
3.	Fabienne Reuteler 39,7 / 29,3	SUI	39,7
4.	Kjersti Buaas Oe 37,3 / 35,1	NOR	37,3
5.	Shannon Dunn-Downing 35,5 / 37,2	USA	37,2
6.	Tricia Byrnes 25,1 / 36,4	USA	36,4
7.	Nici Pederzolli 35,7 / 30,7	AUT	35,7
8.	Yoko Miyake 23,5 / 33,7	JPN	33,7
9.	Minna Hesso 28,4 / 31,9	FIN	31,9
10.	Lisa Therese Wiik 24,4 / 28,9	NOR	28,9
11.	Nicola Thost 27,7 / 25,3	GER	27,7
14.	Sabine Wehr-Hasler	GER	

Reihenfolge: Bester Final-Durchgang
1. Final-Durchgang / 2. Final-Durchgang

Snowboard, Riesenslalom, Damen

15.2.2002, Park City Mountain Resort

1.	Isabelle Blanc	FRA
2.	Karine Ruby	FRA
3.	Lidia Trettel	ITA
4.	Jagna Marczulajtis	POL
5.	Maria Kirchgasser	AUT
6.	Julie Pomagalski	FRA
7.	Isabella Dal Balcon	ITA
8.	Lisa Kosglow	USA
11.	Katharina Himmler	GER
13.	Steffi von Siebenthal	SUI
19.	Nadia Livers	SUI
20.	Daniela Meuli	SUI
21.	Heidi Renoth	GER
23.	Manuela Riegler	AUT
28.	Claudia Riegler	AUT
A-	Milena Meisser	SUI
A-	Doris Günther	AUT

HF: Blanc – Marczulajtis, Ruby – Trettel – **VF:** Blanc – Pomagalski, Ruby – Kosglow, Trettel – Dal Balcon, Marczulajtis – Kirchgasser

Snowboard, Halfpipe, Herren

11.2.2002, Park City Mountain Resort

1.	Ross Powers 46,1 / 32,0	USA	46,1
2.	Danny Kass 42,5 / 41,5	USA	42,5
3.	Jarret Thomas 33,2 / 42,1	USA	42,1
4.	Giacomo Kratter 34,9 / 42,0	ITA	42,0
5.	Takahura Nakai 38,3 / 40,7	JPN	40,7
6.	Tommy Czeschin 40,6 / 40,5	USA	40,6
7.	Heikki Sorsa 36,8 / 40,4	FIN	40,4
8.	Markku Koski 39,0 / 25,4	FIN	39,0
9.	Trevor Andrew 30,3 / 38,6	CAN	38,6
10.	Daniel Franck 29,2 / 37,4	NOR	37,4
12.	Jan Michaelis	GER	NA
13.	Therry Brunner	SUI	
15.	Marcel Hitz	SUI	
18.	Gian Simmen	SUI	
20.	Xaver Hoffmann	GER	
32.	Daniel Tyrkas	GER	

Reihenfolge: Bester Final-Durchgang
1. Final-Durchgang / 2. Final-Durchgang

Snowboard, Riesenslalom, Herren

15.2.2002, Park City Mountain Resort

1.	Philipp Schoch	SUI
2.	Richard Richardsson	SWE
3.	Chris Klug	USA
4.	Nicolas Huet	FRA
5.	Dejan Kosir	SLO
6.	Mathieu Bozzetto	FRA
7.	Siegfried Grabner	AUT
8.	Walter Feichter	ITA
9.	Gilles Jaquet	SUI
10.	Alexander Maier	AUT
13.	Stefan Kaltschütz	AUT
14.	Dieter Krassnig	AUT
16.	Mathias Behounek	GER
18.	Markus Ebner	GER
25.	Simon Schoch	SUI
A-	Ueli Kestenholz	SUI

HF: Schoch – Klug, Richardsson – Huet – **VF:** Schoch – Bozzetto, Richardsson – Kosir, Klug – Feichter, Huet – Grabner

schauern blamierten sich freilich nicht nur die Deutschen. So scheiterte in der ersten Runde unter anderem Alexander Maier, Bruder des verletzten österreichischen Ski-Olympiasiegers Hermann Maier. Mutter Gerdi war umsonst angereist und die Tipps, die der »Herminator« dem jüngeren »Maier zwo« vom Urlaubsort auf den Bahamas am Vortag noch gegeben hatte, waren umsonst.

Die Überraschungs-Sieger im Snowboard-Riesenslalom: Isabelle Blanc aus Frankreich voller Stolz mit ihrer Goldmedaille. Bei den Herren kam der Schweizer Philipp Schoch, hier eingerahmt von dem Schweden Richard Richardson (links) und dem Amerikaner Chris Klug, am besten mit der eisigen Piste zurecht.

SALT LA
Doubles

Bobsport/Rodeln/Skeleton

Erstmals in der mehr als hundertjährigen Geschichte des Internationalen Olympischen Komitees (IOC) wurde Deutsch bei Olympischen Winterspielen im Bereich der Bob- und Rodelbahn im Utah Olympic Park als dritte offizielle Sprache neben Englisch und Französisch eingesetzt. Zu Recht, denn die Hauptsprache der Rodel- und Bob-Sieger ist Deutsch. »Ich bin froh, dass unser kleiner Verband solch einen Beitrag zum tollen Abschneiden der gesamten deutschen Mannschaft geleistet hat«, meinte der Präsident des Bob- und Schlittenverbandes für Deutschland (BSD), Klaus Kotter. Vier Goldmedaillen durch Sylke Otto, den Doppelsitzer Patric Leitner/Alexander Resch, Christoph Langen sowie René Lange stehen in der Erfolgsliste, außerdem drei silberne und zwei bronzene Plaketten. Im Skeleton, das bei den Männer nach 54-jähriger Pause wieder im Olympischen Programm auftauchte, triumphierten Amerikaner: Jim Shea bei den Herren und Tristan Gale bei den Frauen.

Der »Bayern-Express« mit Patric Leitner (vorne) und Alexander Resch am Ziel aller Träume. Die Olympia-Neulinge legten gleich im ersten der beiden Läufe den Grundstein zum Gewinn der Goldmedaille, als sie als einziges Team auf ihrem Schlitten in weniger als 43 Sekunden den 1140 Meter langen Eiskanal hinunterrasten.

GER
3
SALT LAKE 2002

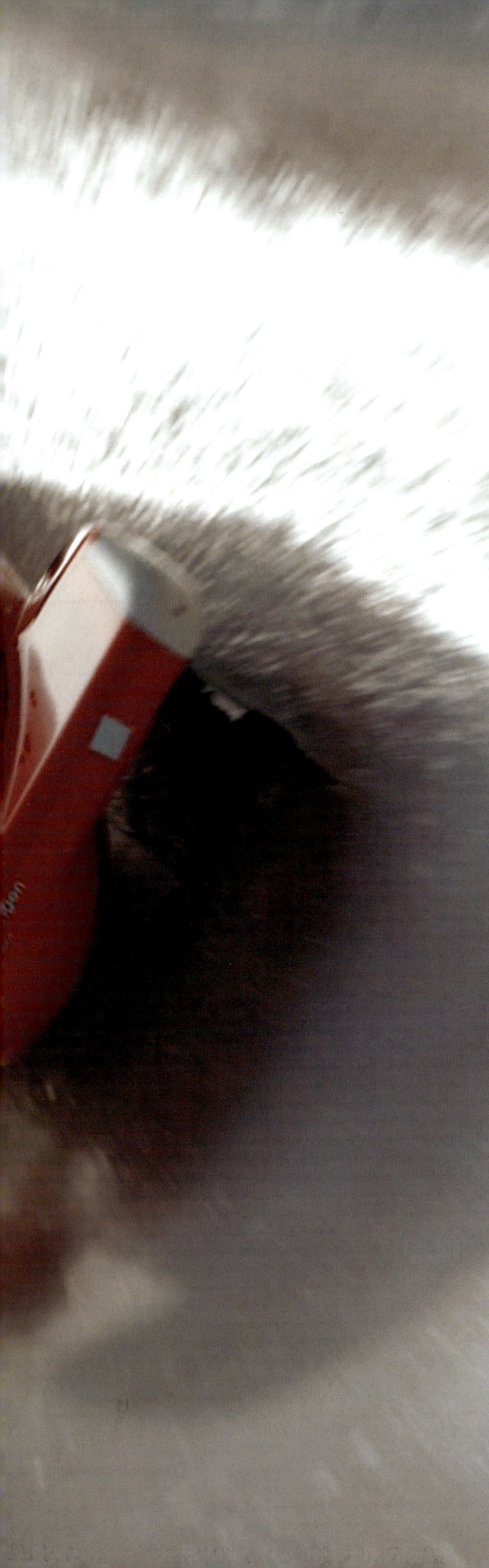

Ein einziges Mal in der olympischen Geschichte gab es keine Bob-Wettbewerbe: 1960 in Squaw Valley verzichteten die Amerikaner aus Kostengründen auf den Bau der inzwischen üblichen Kunsteisbahnen. Die bis zu 50 000 Euro teuren »Geschosse« aus Glasfaser und Edelstahl rasen mit Geschwindigkeiten bis zu 150 km/h durch die künstlichen Eiskanäle und setzen die Piloten in den Kurven einer den Formel 1-Boliden vergleichbaren Fliehkraft von etwa vier G (Gravitationskraft = 9,81 m/sec) aus. Was die Frauen nicht darin hinderte, 2002 im Utah Olympic Park ihre olympische Premiere zu feiern.

Deutschland I auf Siegesfahrt: Christoph Langen verwies im Zweierbob die beiden Schweizer Schlitten auf die Plätze zwei und drei.

Freude über den ersehnten Olympia-Sieg: Goldmedaillen-Gewinnerin Sylke Otto nimmt die Glückwünsche ihres Freundes entgegen.

Zweimal rechts, einmal links: So jubelten die drei Medaillen-Gewinnerinnen im Ziel (von links): Silke Kraushaar, Barbara Niedernhuber und Sylke Otto.

Sylke Otto am Ziel

Erst küsste Sylke Otto die Eisrinne, dann ihren Freund. Die Rodlerin aus Oberwiesenthal hatte sich endlich den Traum vom Olympiasieg erfüllt. Zehn Jahre nach ihrer ersten Olympia-Teilnahme war die 32-Jährige endlich am Ziel ihrer sportlichen Wünsche. Barbara Niedernhuber aus Königssee als Zweite und die Oberhoferin Silke Kraushaar als Dritte gehörten zu den ersten Gratulanten. An den historischen Tag vom 100. deutschen Olympiasieg bei Winterspielen dachten alle Drei in diesem Augenblick nicht.

»Mein langer Leidensweg bis zu dieser Goldmedaille ist beendet«, jubelte Sylke Otto. Dann ließ sie vor lauter Freude noch im Zielraum ihren Tränen freien Lauf. Zwei verpasste Winterspiele 1994 und 1998, ein Mittelfußbruch zu Saisonbeginn und der blockierte Halswirbel waren vergessen: »Ich war unheimlich glücklich, als mein Freund plötzlich in der Bahn stand und mich drückte.«

Der goldene Ring am Finger muss allerdings noch ein wenig warten. Ronald Grund, ihr langjähriger Lebensgefährte im fränkischen Zirndorf, meinte: »Ein Heiratsantrag an der Bahn, das ist mir zu schlicht. Sie soll ihre Glücksgefühle jetzt ausleben, dann kommt das andere.«

Sylke Otto blickte zurück: »Als ich 1998 nur Zuschauerin war, habe ich mir geschworen, dass ich bei den nächsten Spielen wieder mit dabei bin. Und dafür habe ich einiges getan.« Zwölf Kilogramm nahm sie ab, wurde prompt 2000 und 2001 jeweils Welt- und Europameisterin. Nun sorgte sie für den siebten Triumph einer deutschen Rodlerin bei Winterspielen – elf Goldmedaillen wurden seit 1964 überhaupt erst vergeben.

Dreifach-Erfolge bei den Damen hatte es für die DDR bereits 1972, 1984 und 1988 gegeben. Auch 1976 standen nur

STATISTIK

Rodeln, Einsitzer, Damen

13.2.2002, Utah Olympic Park, Bahnlänge 1140 m

1. Sylke Otto 43,356 (3) – 43,076 (1) – 42,940 (1) – 43,092 (2)	GER	2:52,464
2. Barbara Niedernhuber 43,346 (2) – 43,134 (2) – 43,215 (3) – 43,090 (1)	GER	2:52,785
3. Silke Kraushaar 43,294 (1) – 43,224 (3) – 43,195 (2) – 43,152 (3)	GER	2:52,865
4. Angelika Neuner 43,683 (5) – 43,440 (4) – 43,601 (8) – 43,438 (5)	AUT	2:54,162
5. Becky Wilczak 43,509 (4) – 43,481 (5) – 43,420 (4) – 43,844 (17)	USA	2:54,254
6. Lilia Ludan 43,800 (9) – 43,623 (7) – 43,565 (6) – 43,511 (6)	UKR	2:54,499
7. Sonja Manzenreiter 43,864 (10) – 43,540 (6) – 43,585 (7) – 43,548 (8)	AUT	2:54,537
8. Ashley Hayden 43,765 (6) – 43,645 (8) – 43,428 (5) – 43,820 (13)	USA	2:54,658
9. Anna Orlova 43,795 (8) – 43,658 (10) – 43,642 (10) – 43,644 (10)	LAT	2:54,739
10. Iluta Gaile 43,779 (7) – 43,791 (14) – 43,656 (11) – 43,847 (18)	LAT	2:55,073
11. Simone Eder 43,880 (11) – 43,760 (12) – 43,824 (13) – 43,638 (9)	AUT	2:55,102

Reihenfolge: Gesamtzeit
Einzelzeiten / jeweilige Platzierung

deutsche Athletinnen – aus der DDR und der BRD – auf dem Podest. Und nun klappte es erstmals seit der Vereinigung. Insgesamt räumten deutsche Rodler in der Historie 60 Olympiamedaillen ab. Der Abstand der Vierten Angelika Neuner aus Österreich auf Bronze betrug 1,297 Sekunden oder rund 27 Meter – Welten im Rodelsport. »Das war eine Rodel-Demonstration. Eigentlich müssten wir jetzt aufhören, denn wir können nicht mehr besser werden«, sagte Bundestrainer Thomas Schwab: »Wir fuhren in einer anderen Liga.«

Silber, Gold, Bronze – die Freude ist groß bei Barbara Niedernhuber, Sylke Otto und Silke Kraushaar.

Mit seiner Silber-Medaille avancierte Georg Hackl endgültig zur Legende, zum erfolgreichsten Rodler in der Olympia-Historie. Bei fünf Spielen sammelte er dreimal Gold und zweimal Silber.

Der Mann, der durch die Zeiten fuhr

Georg Hackl stand am Auslauf und applaudierte, als Armin Zöggeler zum letzten Mal das Ziel durchfuhr. Der König hatte seinen Nachfolger gesehen. Zum ersten Mal seit vier Winterspielen musste er sich wieder einem anderen beugen. Nun tritt er von der olympischen Bühne ab, mit 35 Jahren. Er war ein »Highlander« in vieler Hinsicht; einen wie ihn kann es nur einmal geben.

STATISTIK

Rodeln, Einsitzer, Herren

11.2.2002, Utah Olympic Park, Bahnlänge 1316 m

1. Armin Zöggeler 44,546 (1) – 44,521 (2) – 44,296 (2) – 44,578 (1)	ITA	2:57,941
2. Georg Hackl 44,614 (2) – 44,494 (1) – 44,487 (6) – 44,675 (3)	GER	2:58,270
3. Markus Prock 44,698 (4) – 44,640 (3) – 44,271 (1) – 44,674 (2)	AUT	2:58,283
4. Adam Heidt 44,660 (3) – 44,750 (5) – 44,421 (4) – 44,775 (4)	USA	2:58,606
5. Albert Demtschenko 44,756 (6) – 44,732 (4) – 44,534 (7) – 44,974 (10)	RUS	2:58,996
6. Karsten Albert 44,718 (5) – 44,767 (6) – 44,467 (5) – 45,094 (16)	GER	2:59,046
7. Denis Geppert 44,846 (8) – 44,874 (10) – 44,417 (3) – 45,017 (11)	GER	2:59,154
8. Markus Kleinheinz 44,875 (10) – 44,857 (9) – 44,558 (9) – 44,921 (8)	AUT	2:59,211
9. Wilfried Huber 44,851 (9) – 44,814 (8) – 44,611 (10) – 45,043 (12)	ITA	2:59,319
10. Rainer Margreiter 45,034 (15) – 45,076 (17) – 44,626 (11) – 44,901 (6)	AUT	2:59,637
13. Stefan Höhener 45,101 (17) – 45,254 (23) – 44,534 (7) – 44,911 (7)	SUI	2:59,800
24. Reto Gilly 46,220 (33) – 45,053 (16) – 45,079 (24) – 44,959 (9)	SUI	3:01,311

Reihenfolge: Gesamtzeit
Einzelzeiten/jeweilige Platzierungen

Er war zwölf, als er erstmals am Königssee bei Sepp Lenz, dem langjährigen Bundestrainer, auftauchte. Er brachte keine Idealmaße für das Rodeln mit, aber durchaus Talent und vor allem einen eisernen Willen. Und er verbrachte mehr Zeit als jeder andere beim Schlittenbau, beim Feilen der Kufen und beim Abfahren der Bahn im Kopf.

So fuhr er sich schnell nach vorn. 1988 in Calgary wurde er Olympia-Zweiter, erst 21-jährig und als krasser Außenseiter; ein Jahr später war er erstmals Weltmeister. Dann schien nach einer schweren Bandscheiben-Operation schon das sportliche

»Der Armin ist das Maß aller Dinge, und es wäre ein Hohn gewesen, wenn er nicht gewonnen hätte«, kommentierte Georg Hackl den Sieg des Italieners Zöggeler (Mitte). Einmal mehr geschlagener Dritter: der Österreicher Armin Prock (rechts).

Ende gekommen. Aber »they never come back« galt nicht für einen wie ihn.
Nie ging er als Favorit bei Winterspielen an den Start, doch jeder wusste um seine einmalige Gabe, sich auf zwei olympische Tage konzentrieren zu können. Bald wurde er zu einer Sagengestalt, die aus der grauen Vorzeit aufzutauchen schien: Der Mann, der durch die Zeiten fuhr und längst mit dem Eiskanal verschmolzen war.
Er gab seinem Sport ein markantes Gesicht, weil er ein außergewöhnlicher Typ ist. Bodenständig, freundlich, gewitzt, sicher auch schlitzohrig, aber zurückhaltend und nie auf Anbiederung aus. Er ruhte, wie sein väterlicher Freund Sepp Lenz, viel zu sehr in sich, als dass er das große Festzelt gesucht hätte. Das Kufenstüberl war der richtige Platz für den »Hackl Schorsch« bei seinen Siegesfeiern, die Maß Weißbier das einzig passende Getränk.
Nun hat auch er dem Alter Tribut zollen müssen; es bahnte sich während der Saison an, auch wenn es noch keiner recht glauben mochte. Mit Silber, seiner fünften Medaille bei seinen fünften Spielen, fiel ihm der Abschied von Olympia nicht schwer. Seinen Platz im Olymp kann ihm eh niemand nehmen.
In Salt Lake City gab es Spekulationen um die Zukunft des »Hackl Schorsch«. Er selbst meinte, noch ein Jahr dranhängen zu wollen. Es gab aber auch Vorschläge, dass er Rodel-Chef-Trainer im Deutschen Bob- und Schlittensportverband werden könne. Ins Gespräch gebracht hat den dreimaligen Olympiasieger BSD-Präsident Klaus Kotter: »Dem Schorsch steht in unserem Verband alles offen.« Mit einer kleinen scherzhaften Einschränkung: »Bis auf das Präsidentenamt. Für den Posten hat er eigentlich zu viel Ahnung.«

Goldener Schlusspunkt

S T A T I S T I K

Rodeln, Doppelsitzer, Herren

15.2.2002, Utah Olympic Park, Bahnlänge 1140 m

1.	Patric Leitner/Alexander Resch 42,953 (1) – 43,129 (2)	GER	1:26,082
2.	Mark Grimmette/Brian Martin 43,111 (3) – 43,105 (1)	USA	1:26,216
3.	Chris Thorpe/Clay Ives 43,013 (2) – 43,207 (3)	USA	1:26,220
4.	Steffen Skel/Steffen Wöller 43,121 (4) – 43,254 (5)	GER	1:26,375
5.	Chris Moffat/Eric Pothier 43,285 (8) – 43,216 (4)	CAN	1:26,501
6.	Tobias Schiegl/Markus Schiegl 43,208 (5) – 43,310 (6)	AUT	1:26,518
7.	Gerhard Plankensteiner/Oswald Haselrieder 43,278 (7) – 43,338 (7)	ITA	1:26,616
8.	Andreas Linger/Wolfgang Linger 43,330 (9) – 43,354 (8)	AUT	1:26,684
9.	Lubomir Mick/Walter Marx 43,248 (6) – 43,458 (10)	SVK	1:26,706
10.	Ivars Deinis/Sandris Berzins 43,413 (10) – 43,493 (11)	LAT	1:26,906

Reihenfolge: Gesamtzeit
Zeit 1.Lauf (Platzierung) –
Zeit 2.Lauf (Platzierung)

Konzentration und Fahrgefühl sind alles: »Zwei Deppen« – so Patric Leitner – fuhren im Utah Olympic Park mit den zweit- und drittplatzierten US-Boys gehörig Schlitten.

Der eine meinte anschließend, »mich küsst der Papst«, der andere »ich hätte nie geglaubt, dass wir zwei Deppen Olympiasieger werden«. Die Olympia-Neulinge Patric Leitner und Alexander Resch aus Berchtesgaden fuhren im Utah Olympic Parc mit den beiden US-Duos Mark Grimmette/Brian Martin und Chris Thorpe/Clay Ives regelrecht Schlitten und setzten in dieser Disziplin die große deutsche Doppelsitzer-Tradition fort. Außerdem war ihre Medaille der goldene Schlusspunkt der durch gleich fünf Medaillen dokumentierten deutschen Rodelstärke.

Hinter dem im ersten Lauf fast gestürzten »Bayern-Express« und den Amerikanern verpassten die Winterberger Steffen Skel und Steffen Wöller die Bronzemedaille um 0,155 Sekunden. 15000 begeisterte Zu-

schauer schraubten die Gesamt-Besucherzahl bei den drei Rodel-Entscheidungen auf den olympischen Rekord von 69 547. Es war das neunte deutsche Doppelsitzer-Gold seit 1964. Bundestrainer Thomas Schwab, unter dessen Regie es seit 1994 bislang 70 Medaillen bei Olympischen Winterspielen, Welt- und Europameisterschaften gab, setzte für die Zukunft neue Ziele: »Noch mehr Medaillen.«

Bayerische Frohnaturen mit ihren Goldmedaillen. »Ich glaub' mich küsst der Papst«, konnte Alexander Resch (links) den Sieg noch lange danach nicht fassen.

Das erste internationale »Wettschlittel«-Rennen fand am 12. Februar 1883 in der Schweiz statt, auf einem vier Kilometer langen Straßenstück von Davos nach Klosters. Inzwischen wird der Wettbewerb für Männer, Frauen und Doppelsitzer vor allem auf speziell gebauten Kunsteisbahnen mit einer Mindestlänge von 1000 Metern und einem Gefälle zwischen acht und elf Prozent durchgeführt. Im Gegensatz zum Skeleton wird auf dem Rücken liegend gefahren und mit den Füßen gesteuert. Um olympische Medaillen wird erst seit Innsbruck 1964 gekämpft.

Freude über Olympia-Medaillen bei der Damen-Bob-premiere. Sandra Prokoff, Ulrike Holzner (Silber), Susi Erdmann und Nicole Herschmann präsentieren nach der Siegerehrung ihre Plaketten (oben). Bronze empfängt Silber: Erdmann/Herschmann erwarten Prokoff/Holzner nach der Zieldurchfahrt (oben rechts).

Damenbob-Premiere an US-Girls

Die Rivalinnen Sandra Prokoff und Susi Erdmann umarmten sich vor Freude über Silber und Bronze, das historische erste Olympiagold im Damenbob mussten sie aber den Gastgeberinnen überlassen. Mit ohrenbetäubendem Lärm feierten 15 000 Zuschauer an der Bahn von Park City den Triumph von Jill Bakken und Vonetta Flowers, die als erste Schwarze Gold bei Winterspielen gewann. Das US-Duo lag nach zwei Läufen drei Zehntelsekunden oder umgerechnet 8,10 Meter vor Sandra Prokoff und Anschieberin Ulrike Holzner.

»Silber ist eine tolle Farbe. Ich bin im ersten Lauf einmal ein bisschen falsch abgebogen«, sagte die Winterbergerin. Der Fahrfehler war bereits eine Vorentscheidung, da Bakken mit Bahnrekord schon 0,29 Sekunden Vorsprung einfuhr. Susi Erdmann aus Königssee zeigte ebenfalls keine Enttäuschung: »Ich habe mein Ziel erreicht. Die dritte Medaille bei meinen vierten Spielen, und das in einer anderen Disziplin. Ich genieße es einfach.« Die Ex-Rodlerin hatte 1992 Bronze geholt. 1994 verpasste sie als Zweite knapp Gold gegen die Italienerin Gerda Weissensteiner, die mittlerweile ebenfalls Bobrennen fährt und in Park City Platz sieben belegte – mit Antonella Bellutti als Anschieberin, die als Radsportlerin 1996 (Einzelverfolgung) und 2000 (Punktefahren) zweimal Gold bei Olympischen Spielen gewonnen hatte.

Die frühere »Susi Sorglos« und »Last-Minute-Anschieberin« Nicole Herschmann lagen 0,53 Sekunden hinter den Siegern, mussten sogar noch um Bronze bangen: Nur fünf Hundertstelsekunden oder umgerechnet

STATISTIK

Zweierbob, Damen

19.2.2002, Utah Olympic Park, Bahnlänge 1335 m

1.	Jill Bakken / Vonetta Flowers 48,81 (1) – 48,95 (1)	USA	1:37,76
2.	Sandra Prokoff / Ulrike Holzner 49,10 (2) – 48,96 (2)	GER	1:38,06
3.	Susi Erdmann / Nicole Herschmann 49,19 (3) – 49,10 (4)	GER	1:38,29
4.	Francoise Burdet / Katharina Sutter 49,28 (4) – 49,06 (3)	SUI	1:38,34
5.	Jean Racine / Gea Johnson 49,31 (5) – 49,42 (5)	USA	1:38,73
6.	Eline Jurg / Nannet Kiemel 49,64 (7) – 49,54 (6)	NED	1:39,18
7.	Gerda Weissensteiner / Antonella Bellutti 49,66 (8) – 49,55 (7)	ITA	1:39,21
8.	Viktoria Tokowaja / Kristina Bader 49,72 (10) – 49,55 (7)	RUS	1:39,27
9.	Christina Smith / Paula Mckenzie 49,60 (6) – 49,75 (10)	CAN	1:39,35
10.	Ilse Broeders / Jeanette Pennings 49,70 (9) – 49,67 (9)	NED	1:39,37

Reihenfolge: Gesamtzeit
Lauf 1 (Platzierung) – Lauf 2 (Platzierung)

1,35 Meter entschieden gegen die Weltmeisterin Francoise Burdet aus der Schweiz.
Damen-Bundestrainer Wolfgang Hoppe hatte unmittelbar vor der Abreise nach Salt Lake City den Einsatz von Nicole Herschmann im Erdmann-Bob angeordnet. Die Deutsche Dreisprung-Meisterin des Jahres 2000 hatte erst im November 2001 als Anschieberin bei Sandra Prokoff mit dem Bobsport begonnen. Nach der Bronzemedaille trennte sich das Duo Erdmann/Herschmann wieder.
Auch Bakken/Flowers nahmen mit dem Triumph voneinander Abschied. »Ich bin so glücklich. Aber jetzt möchte ich noch eine Goldmedaille im Privatleben gewinnen. Ich wünsche mir ein Kind«, kündigte Flowers an:

»Ich weiß nicht, ob es ein Comeback gibt.«
Die Gewinnerinnen, angesichts der Begeisterung an der 1335 Meter langen Eisröhre zu Tränen gerührt, fanden im Ziel nur mühsam ihre Fassung. Bakken hatte sich erst nach einer internen Ausscheidung gegen ihre langjährige Partnerin Shauna Rohbock und für Flowers entschieden. Für die USA war es im Bobsport der erste Olympiasieg seit 54 Jahren. Francis Tyler hatte 1948 in St. Moritz im großen Schlitten gewonnen.

Wer zuletzt lacht, lacht am besten: Erst im vierten und letzten Lauf fuhren Christoph Langen und sein »Ersatz-Anschieber« Markus Zimmermann (rechts) den entscheidenden Vorsprung von umgerechnet 2,52 Metern heraus.

Gold für Langen im Hitchcock-Finale

Erst gewann Christoph Langen in einem Finale à la Hitchcock das erträumte Zweierbob-Gold, dann umarmte er tröstend seinen geschlagenen Rivalen Christian Reich. Langen und Hobby-Anschieber Markus Zimmermann sicherten sich in Park City nach Zeitgleichheit erst im vierten Lauf mit neun Hundertstelsekunden oder umgerechnet 2,52 Meter Vorsprung den Olympiasieg. »Ja, ich habe es geschafft«, brüllte Langen seine Freude raus: »Ich hätte mir allerdings zwei zeitgleiche Sieger gewünscht. Reich und ich – wir haben es beide verdient.«
Der 39-Jährige, vor vier Jahren in Nagano im Vierer ganz vorn, präsentierte lachend ein kleines Plüschtier: »Das ist mein Glücksschweinchen. Das hat mir meine Freundin Doreen vor der Abreise zugesteckt.«
Zimmermann stöhnte derweil: »Ich habe tausend graue Haare bekommen.« Der 37-Jährige war nach der Oberschenkel-Verletzung von Marco Jakobs, der Daumen drückend und ein wenig traurig an der Bahn stand, kurzfristig eingesprungen. »Eigentlich bin ich ein Freizeitsportler«, schmunzelte der zunächst nur für den Vierer vorgesehene Berchtesgadener: »Für die Spiele habe ich extra Urlaub genommen.« Der Ingenieur ist als Bauleiter tätig, trainiert nach Feierabend von 18 bis 22 Uhr. In seiner Bremser-Karriere hat er nun alles erreicht – lediglich das Gold im Zweier hatte ihm genau wie Langen noch gefehlt.
In der Stunde des Triumphes vergaß Langen auch seinen Helfer Fritz Liebhart nicht. Der Doppel-Weltmeister übersprang den Bahnrand, schloss den langjährigen Mentor und Boss der Bob-Abteilung der SpVgg Unterhaching in die Arme. Der 62-Jährige wischte eine Träne aus dem Auge und gestand: »Das ist der Höhepunkt. Es waren zehn fruchtbare, manchmal aber auch furchtbare Jahre mit Christoph.«
Furchtbar aufregende Minuten erlebten jeweils 15 000 Zuschauer an der Eisrinne: Am ersten Tag lag Reich zunächst zwei Hundertstelsekunden vor Langen, der holte im zweiten Durchgang eine Hundertstelsekunde auf. Mit 28 Zentimetern

Anschub zum Zweier-Gold: Christoph Langen und der kurzfristig für den verletzten Marco Jakobs eingesprungene Markus Zimmermann am Start zu den letzten und entscheidenden 47,61 Sekunden.

Überglücklich über die Silber-Medaille: Obwohl die Schweizer Christian Reich (links) und Steve Anderhub nur um neun Hundertstelsekunden am Gold vorbeischrammten, feierten sie ausgelassen.

Rückstand ging der Doppel-Weltmeister in die Nacht. Im dritten Lauf nahm er mit Bahnrekord Reich erneut eine Hundertstelsekunde ab – Gleichstand! Folge: Die Jury musste die Startfolge für das Finale auslosen. Reich ging vor Langen in die Bahn. Der behielt die Ruhe, raste trotz der schlechteren Startzeit die 1335 lange Eispiste in Bestzeit hinunter ins Ziel.
Klare 0,42 Sekunden hinter Reich/Steve Anderhub jubelten zwei weitere Schweizer über Bronze: Martin Annen/Beat Hefti retteten drei Hundertstelsekunden auf Todd Hays (USA) ins Ziel. Die Olympia-Neulinge René Spies/Franz Sagmeister (Winterberg), denen 0,22 Sekunden zu Rang drei fehlten, freuten sich über Rang sechs.

STATISTIK

Zweierbob, Herren

16./17.2.2002, Utah Olympic Park, Bahnlänge 1335 m

1.	Christoph Langen / Markus Zimmermann 47,54 (2) – 47:52 (1) – 47:44 (1) – 47:61 (1)	GER	3:10,11
2.	Christian Reich / Steve Anderhub 47,52 (1) – 47:53 (2) – 47,45 (2) – 47,70 (4)	SUI	3:10,20
3.	Martin Annen / Beat Hefti 47,56 (3) – 47,64 (3) – 47,73 (7) – 47,69 (3)	SUI	3:10,62
4.	Todd Hays / Garrett Hines 47,71 (5) – 47,70 (5) – 47,61 (3) – 47,63 (2)	USA	3:10,65
5.	Pierre Lueders / Giulio Zardo 47,67 (4) – 47,70 (5) – 47,65 (5) – 47,71 (5)	CAN	3:10,73
6.	René Spies / Franz Sagmeister 47,77 (6) – 47,69 (4) – 47,61 (3) – 47,77 (7)	GER	3:10,84
7.	Wolfgang Stampfer / Martin Schützenauer 47,91 (8) – 47,78 (7) – 47,72 (6) – 47,75 (6)	AUT	3:11,16
8.	Günther Huber / Antonio Tartaglia 47,84 (7) – 47,88 (8) – 47,92 (8) – 48,00 (9)	ITA	3:11,64
9.	Brian Shimer / Darrin Steele 47,92 (9) – 47,99 (9) – 48,07 (11) – 47,95 (8)	USA	3:11,93
10.	Lee Johnston / Marcus Adam 48,04 (10) – 48,16 (13) – 48,05 (10) – 48,02 (10)	GBR	3:12,27

Reihenfolge: Gesamtzeit
Lauf 1 (Platzierung) – Lauf 2 (Platzierung) – Lauf 3 (Platzierung) – Lauf 4 (Platzierung)

STATISTIK

Viererbob, Herren

23./24.2.2002, Utah Olympic Park, Bahnlänge 1335 m

1. Deutschland 2 GER 3:07,51
(André Lange / Enrico Kühn / Kevin Kuske / Carsten Embach)
46,71 (2) – 46,64 (3) – 46,84 (1) – 47,32 (2)
2. USA 1 USA 3:07,81
(Todd Hays / Randy Jones / Bill Schuffenhauer / Garrett Hines)
46,65 (1) – 46,61 (1) – 47,22 (4) – 47,33 (3)
3. USA 2 USA 3:07,86
(Brian Shimer / Mike Kohn / Doug Sharp / Dan Steele)
46,83 (5) – 46,82 (5) – 46,98 (2) – 47,23 (1)
4. Schweiz 1 SUI 3:07,95
(Martin Annen / Silvio Schaufelberger / Beat Hefti / Cedric Grand)
46,72 (3) – 46,63 (2) – 47,11 (3) – 47,49 (4)
5. Frankreich 1 FRA 3:08,56
(Bruno Mingeon / Eric Le Chanony / Christophe Fouquet / Alexandre Arbez)
46,92 (8) – 46,86 (7) – 47,25 (5) – 47,53 (5)
6. Schweiz 2 SUI 3:08,59
(Christian Reich / Steve Anderhub / Guido Acklin / Urs Aeberhard)
46,71 (1) – 46,93 (8) – 47,33 (6) – 47,62 (8)
7. Lettland 1 LAT 3:09,06
(Sandis Prusis / Marcis Rullis / Janis Silarajs / Janis Ozols)
46,99 (9) – 46,82 (5) – 47,60 (14) – 47,65 (9)
8. Russland 1 RUS 3:09,15
(Jewgeni Popow / Piotr Makartschuk / Sergej Golubew / Dimitri Stepuschkin)
47,14 (15) – 46,98 (10) – 47,45 (10) – 47,58 (6)
9. Kanada 1 CAN 3:09,17
(Pierre Lueders / Ken LeBlanc / Giulio Zardo / Pascal Caron)
47,12 (14) – 46,97 (9) – 47,41 (7) – 47,67 (11)
10. Frankreich 2 FRA 3:09,20
(Bruno Thomas / Michel Andre / Thibault Giroud / Philippe Paviot)
46,88 (6) – 47,03 (12) – 47,47 (11) – 47,82 (13)
13. Österreich 1 AUT 3:09,57
(Wolfgang Stampfer / Michael Müller / Klaus Seelos / Martin Schützenauer)
47,19 (17) – 47,27 (18) – 47,51 (12) – 47,60 (7)
A- Deutschland 1 GER
(Christoph Langen / Markus Zimmermann / Franz Sagmeister / Stefan Barucha)
47,91 (7) – 46,// (4)

Reihenfolge: Gesamtzeit
Lauf 1 (Platzierung) – Lauf 2 (Platzierung) – Lauf 3 (Platzierung) – Lauf 4 (Platzierung)

Olympia-Neuling André Lange und seine Crew am Ziel des dritten Durchganges: Mit einem »Traumlauf« hatten sie gerade den Grundstein zum Gewinn der Goldmedaille im Viererbob-Rennen gelegt.

Triumph: André Lange und Co. präsentieren nach dem Sieg über die beiden US-Bobs ihre Goldmedaillen. Der wegen Verletzung ausgeschiedene Top-Favorit Christoph Langen lobte: »Er ist der beste Viererbob-Pilot der Welt«.

Lange statt Langen

Lange statt Langen. Nachdem ausgerechnet Olympia-Neuling André Lange mit seiner Goldfahrt im Viererbob den ersten Platz der deutschen Olympiamannschaft in der Medaillenwertung der Spiele von Salt Lake City perfekt gemacht hatte, kannte der Jubel keine Grenzen mehr. Die Freude war umso größer, weil Top-Favorit und Zweierbob-Olympiasieger Christoph Langen nach dem zweiten der vier Läufe wegen einer Verletzung mitten im Wettbewerb aufgeben musste.

Die Nervenbelastung für die Lange-Crew war nach dem dritten Durchgang allerdings drastisch gesunken, als sie sich mit einer Traumfahrt an die Spitze gesetzt und die Hoffnung der Konkurrenz fast zerstört hatte. So blieb den beiden amerikanischen Bobs mit Todd Hays und Brian Shimer an den Lenkseilen »nur« Silber und Bronze. Beide US-Teams hatten sich allerdings in Lauf vier noch an dem Schweizer Martin Annen vorbeischieben können, der dadurch in letzter Sekunde eine Medaille verlor.

Letztmals bei Olympia 1984 konnte ein Verband in beiden Schlitten den Olympiasieg feiern. Am »Steuer« saß damals das Oberhofer Bob-Idol Wolfgang Hoppe, jetzt als Mitglied des deutschen Trainerstabes der erste Gratulant bei Lange. Kurz darauf schüttelte auch Bundespräsident Johannes Rau bei der Blumen-Zeremonie den Gewinnern die Hände.

Als Langens Thronfolger sieht sich der Thüringer Lange derweil nicht. »Christoph hat den Bobsport revolutioniert. Wir müssen das jetzt fortführen«, so der Sportsoldat. Langen, 1998 selbst im Vierer Olympiasieger, lobte: »Andre ist der beste Vierpilot der Welt.« Top-Favorit Langen musste nach Rang sechs am ersten Tag aufgeben. Der 39-jährige spürte im letzten Schritt beim Start des zweiten Laufes ein Stechen im Fuß, die Plantarsehne unter dem rechten Fußgewölbe hatte der Belastung nicht standgehalten.

74 Jahre nach der Premiere 1928 und nach 54-jähriger Zwangspause kehrten die »Bäuchlings-Rodler« im Utah Olympic Park von Salt Lake City wieder auf die olympische Bühne zurück. Erster Goldmedaillen-Gewinner auf dem vorwiegend aus Metall bestehenden Gerät mit den 22 Millimeter breiten Kufen war 1928 auf der Cresta-Bahn von St. Moritz im Engadin der Amerikaner Jennison Heaton, dessen jüngerer Bruder Silber gewann und dieses Kunststück 20 Jahre später an gleicher Stelle wiederholte. Skeleton kehrte in der Mormonenstadt zurück zu den Ursprüngen, denn als Vorläufer gilt der Transportschlitten »otobanask« der nordamerikanischen Indianer.

»Jetzt kann Grandpa gehen«

Der dicke Kloß im Hals wollte schon seit Tagen nicht verschwinden, und vor dem Start spürte Skeleton-Fahrer Jim Shea die Tränen hochsteigen. »Okay, Grandpa, ich reiß mich zusammen«, raunte er dem Foto in seinem Helm zu, ehe er in der Eisröhre von Park City kopfüber mit 120 km/h in Richtung Ziel raste und die Goldmedaille gewann. Die beiden übrigen Medaillen sicherten sich der Österreicher Martin Rettl und der Schweizer Gregor Stähli.

Auch bei den Damen ging Gold an die USA. Es siegte Tristan Gale vor Lea Ann Parsley (ebenfalls USA) und der Britin Alex Coomber. Für das deutsche Aufgebot blieb Rang vier von Ex-Weltmeisterin Diana Sartor die beste Platzierung. Skeleton war für die Herren zum ersten Mal seit 1948 wieder olympische Disziplin, während die Damen ihr Olympia-Debüt feierten.

Jack A. Shea, Großvater des Olympiasiegers von Salt Lake City, 1932 in Lake Placid Doppel-Olympiasieger im Eisschnelllauf, erlebte den Moment, dem er seit Monaten entgegengefiebert hatte, nicht mehr mit. Mit 91 Jahren starb Jack Shea knapp zwei Wochen vor Beginn der Spiele, weil ihn ein betrunkener Autofahrer anfuhr. »Als ich von seinem Tod erfuhr, hatte ich in einer einzigen Sekunde Hunderte von Gedanken, aber keiner war klar«, erzählt Jim. Olympia wollte er absagen, den Sport »hinschmeißen«, aber »all das hätte Großvater wütend gemacht. Er hätte mich an den Schultern gepackt, geschüttelt und mir gesagt: Junge, reiß dich zusammen.«

»Pull yourself together«, reiß dich zusammen, das hatte Jack Shea vor seinem Enkel auch seinem Sohn James immer wieder eingebläut. Der schaffte es als nordischer Kombinierer 1964 in Innsbruck ebenfalls ins Olympiateam der USA, blieb allerdings ohne Medaille. »Ich erinnere mich noch gut daran, als mein Mann teilnahm«, blickte Jims Mutter Judy Shea nach dem Goldlauf ihres Sohnes in Park City zurück: »Es war wundervoll, unsere ganze Familiengeschichte ist geprägt vom olympischen Geist.«

Der Großvater, den alle so sehr vermissen, hatte auch in Deutschland viele Bekannte. »Er war ja Eisschnellläufer«, erzählt Jim: »Und der Sport hat in Deutschland eine große Tradition.« Auch der Enkel hat deut-

STATISTIK

Skeleton, Damen

20.2.2002, Utah Olympic Park, Bahnlänge 1335 m

1.	Tristan Gale 52,26 (1) / 52,85 (2)	USA	1:45,11
2.	Lea Ann Parsley 52,27 (2) / 52,94 (4)	USA	1:45,21
3.	Alex Coomber 52,48 (3) / 52,89 (3)	GBR	1:45,37
4.	Diana Sartor 52,55 (4) / 52,98 (5)	GER	1:45,53
5.	Maya Pedersen Bieri 52,92 (7) / 52,63 (1)	SUI	1:45,55
6.	Lindsay Alcock 52,62 (5) / 53,07 (7)	CAN	1:45,69
7.	Jekaterina Mironowa 52,97 (8) / 52,98 (5)	RUS	1:45,95
7.	Steffi Hanzlik 52,82 (6) / 53,13 (8)	GER	1:45,95
9.	Dany Locati 53,19 (9) / 53,46 (9)	ITA	1:46,65
10.	Michelle Kelly 53,76 (11) / 53,56 (10)	CAN	1:47,32

Reihenfolge: Gesamtzeit
Zeit 1. Lauf (Platzierung) /
Zeit 2. Lauf (Platzierung)

Skeleton, Herren

20.2.2002, Utah Olympic Park, Bahnlänge 1335 m

1.	Jim Shea 50,89 (1) / 51,07 (3)	USA	1:41,96
2.	Martin Rettl 51,02 (2) / 50,99 (1)	AUT	1:42,01
3.	Gregor Stähli 51,16 (4) / 50,99 (1)	SUI	1:42,15
4.	Clifton Wrottesley 51,07 (3) / 51,50 (9)	IRL	1:42,57
5.	Lincoln Dewitt 51,63 (9) / 51,20 (5)	USA	1:42,83
6.	Jeff Pain 51,51 (7) / 51,41 (7)	CAN	1:42,92
7.	Chris Soule 51,89 (13) / 51,09 (4)	USA	1:42,98
8.	Kazuhiro Koshi 51,50 (6) / 51,52 (10)	JPN	1:43,02
9.	Willi Schneider 51,67 (10) / 51,47 (8)	GER	1:43,14
10.	Duff Gibson 51,40 (5) / 51,76 (13)	CAN	1:43,16
11.	Frank Kleber 51,58 (8) / 51,76 (13)	GER	1:43,34
12.	Christian Auer 51,81 (12) / 51,56 (11)	AUT	1:43,37
16.	Felix Poletti 51,76 (11) / 52,11 (18)	SUI	1:43,87

Reihenfolge: Gesamtzeit
Zeit 1. Lauf (Platzierung) /
Zeit 2. Lauf (Platzierung)

sche Freunde: »Sie haben mir geholfen, als das Geld für den Sport immer knapper wurde.« Sogar eine deutsche Zeitung, die vor 70 Jahren die zwei Goldmedaillen des Großvaters in epischer Breite würdigte, haben die Sheas zu Hause. »Die haben uns vor ein paar Jahren Freunde aus Berlin geschickt«, erzählt James.

1932 in Lake Placid sprach der damals 21-jährige Jack A. Shea für die 306 Athleten den olympischen Eid. 70 Jahre später tat es ihm der Enkel nach, in Salt Lake City hörten ihm 2500 Sportler zu. »Da habe ich Großvater schon gespürt, er hatte noch ein paar Sachen zu erledigen, bevor er in den Himmel gehen wollte«, erzählt Jim, und schon wieder schwindet ihm die Stimme: »Ich denke, jetzt kann Grandpa in Ruhe gehen.«

Nur um 13 Hundertstelsekunden verfehlte die Altenbergerin Diana Sartor als 4. die Bronzemedaille. Die anderen deutschen »Bauchrodler« enttäuschten beim ersten olympischen Skeleton-Wettbewerb nach 54 Jahren. Beide Titel gingen an die USA.

USA gegen Kanada – gleich zweimal gab es in Salt Lake City das Eishockey-Traumfinale. Und beide Male mussten sich die Gastgeber geschlagen geben. Bei den Herren mit 2:5 und bei den Damen mit 2:3. Kanadas NHL-Stars unter ihrem »Chef«, der Eishockey-Legende Wayne Gretzky, gewannen damit für das Mutterland des schnellsten Mannschafts-Spieles zum ersten Mal seit 50 Jahren wieder die Goldmedaille. Die deutschen Herren scheiterten nach drei Siegen in der Vorrunde im Viertelfinale am späteren Silbermedaillen-Gewinner USA und belegten Rang acht, die Damen Platz sechs.

Ohne Chance: Für Deutschlands Herren war im Viertelfinale nach dem 0:5 gegen die USA Endstation. Hier versucht Verteidiger Andreas Renz von den Kölner Haien, dem Amerikaner Bill Guerin den Puck abzujagen.

CCM
44
CCM
IIHF
BAUER

Diskrepanz: In der Vorrunde verloren Deutschlands Damen mit 0:10 gegen die US-Girls. Hier ein packender Zweikampf zwischen der erst 19 Jahre alten Mannheimerin Jana Schreckenbach (links) und der Amerikanerin Andrea Kilbourne. Bundestrainer Rainer Nittel kommentierte den Unterschied zwischen den beiden Nationen so: »Ungefähr 100 Jahre und 50 000 Aktive.«

Zufrieden: Bundestrainer Hans Zach war trotz des Ausscheidens gegen die USA (Jan Benda im Kampf gegen den Amerikaner Dedmarsch) mit den Leistungen seiner Truppe nach drei Siegen in der Vorrunde zufrieden.

Erstes Gold für Kanada seit 1952

Die kanadischen NHL-Stars haben ihre Mission erfüllt und das erste olympische Gold für das Eishockey-Mutterland seit 50 Jahren gewonnen. Im Traumfinale von Salt Lake City setzten sich die Dollar-Millionäre aus Kanada mit 5:2 (2:1, 1:1, 2:0) gegen ihre Liga-Kollegen aus den USA durch. An der Bande applaudierte Eishockey-Idol Wayne Gretzky, der als Kanadas verantwortlicher Delegationsleiter nachholte, was er als Spieler vor vier Jahren in Nagano verpasst hatte.
US-Coach Herb Brooks, der 1980 beim »Wunder von Lake Placid« ein Team aus College-Boys zum Sensationssieg gegen die Sowjetunion und später zu olympischem Gold geführt hatte, blieb die Wiederholung seines Triumphes versagt. Vor 8599

STATISTIK

Eishockey, Herren

9.-24.2.2002, E Center / The Peaks Ice Arena

Finale

CAN – USA (2:1, 1:1, 2:0) 5:2
Tore: 0:1 Amonte (8:49), 1:1 Kariya (14:50), 2:1 Iginla (18:33), 2:2 Rafalski (35:30), 3:2 Sakic (38:19), 4:2 Iginla (56:01), 5:2 Sakic (58:40)

Spiel um Platz 3

RUS – BLR (2:1, 2:1, 3:0) 7:2
1:0 Kowalew (5:28), 1:1 Pankow (9:21), 2:1 Kasparaitis (11:20), 2:2 Dudik (21:15), 3:2 Twerdowski (23:11), 4:2 Datsjuk (23:34), 5:2 Kowalew (47:47), 6:2 Datsjuk (52:30), 7:2 Afinogenow (59:11)

Halbfinale

CAN – BLR (2:1, 2:0, 3:0) 7:1
1:0 Yzerman (6:05), 1:1 Salei (13:24), 2:1 Brewer (17:25), 3:1 Niedermayer (22:01), 4:1 Kariya (33:28), 5:1 Gagne (45:21), 6:1 Lindros (52:24), 7:1 Iginla (56:15)
USA – RUS (1:0, 2:0, 0:2) 3:2
1:0 Guerin (15:56), 2:0 Young (27:31), 3:0 Housley (37:39), 3:1 Kowalew (40:11), 3:2 Malachow (43:21)

Viertelfinale

BLR – SWE (2:1, 0:1, 2:1) 4:3
0:1 Lidström (3:10), 1:1 Romanow (7:47), 2:1 Dudik (9:33), 2:2 Nylander (30:14), 3:2 Kowalew (42:47), 3:3 Sundin (47:54), 4:3 Kopat (57:36)
RUS – CZE (0:0, 1:0, 0:0) 1:0
1:0 Afinogenow (24:48)
USA – GER (1:0, 4:0, 0:0) 5:0
1:0 Roenick (13:06), 2:0 Chelios (20:46), 3:0 Amonte (29:42), 4:0 LeClair (30:14), 5:0 Hull (31:47)
CAN – FIN (1:0, 1:1, 0:0) 2:1
1:0 Sakic (3:00), 2:0 Yzerman (35:49), 2:1 Hagman (36:09)

Finalgruppe C: CAN – SWE 2:5, CZE – GER 8:2, SWE – CZE 2:1, CAN – GER 3:2, CZE – CAN 3:3, GER – SWE 1:7

Team	Sp	+	o	-	P	Tore
SWE	3	3	0	0	6	14:4
CZE	3	1	1	1	3	12:7
CAN	3	1	1	1	3	8:10
GER	3	0	0	3	0	5:18

Finalgruppe D: RUS – BLR 6:4, USA – FIN 6:0, FIN – BLR 8:1, USA – RUS 2:2, USA – BLR 8:1, FIN – RUS 3:1

Team	Sp	+	o	-	P	Tore
USA	3	2	1	0	5	16:3
FIN	3	2	0	1	4	11:8
RUS	3	1	1	1	3	9:9
BLR	3	0	0	3	0	6:22

Qualifikationsgruppe A: GER – SVK 3:0, LAT – AUT 4:2, GER – AUT 3:2, LAT – SVK 6:6, AUT – SVK 3:2, GER – LAT 4:1.

Team	Sp	+	o	-	P	Tore
GER	3	3	0	0	6	10:3
LAT	3	1	1	1	3	11:12
AUT	3	1	0	2	2	7:9
SVK	3	0	1	2	1	8:12

Qualifikationsgruppe B: BLR – UKR 1:0, SUI – FRA 3:3, UKR – SUI 5:2, BLR – FRA 3:1, SUI – BLR 2:1, FRA – UKR 2:4

Team	Sp	+	o	-	P	Tore
BLR	3	2	0	1	4	5:3
UKR	3	2	0	1	4	9:5
SUI	3	1	1	1	3	7:9
FRA	3	0	1	2	1	6:10

Zuschauern im ausverkauften E Center brachte Tony Amonte von den Chicago Blackhawks die Gastgeber unter dem ohrenbetäubenden Jubel der US-Fans in Führung (9.). Doch danach dominierten die »Ahornblätter« das erste Drittel – zur Freude der rund 4000 kanadischen Anhänger. Paul Kariya von den Anaheim Mighty Ducks nutzte einen Traumpass von Verteidiger Chris Pronger, den Superstar Mario Lemieux durch seine Beine zum Ausgleich (15.) passieren ließ.
Nur drei Minuten später, nachdem Scott Niedermayer bereits den Pfosten getroffen hatte, erzielte NHL-Topscorer Jarome Iginla von den Calgary Flames das verdiente 2:1 (19.). Die Vorentscheidung im Mittelabschnitt verpasste ausgerechnet Superstar Lemieux. Der 36-Jährige, als Klub-Besitzer der Pittsburgh Penguins im NHL-Alltag Chef von Talentspäher Brooks, verfehlte aus einem Meter Entfernung das leere Tor (31.). So glich Brian Rafalski von den New Jersey Devils in Überzahl für die US-Profis aus (36.), doch Joe Sakic von Stanley-Cup-Sieger Colorado Avalanche antwortete prompt mit dem 3:2 (39.). Das 4:2 durch Iginla in der 52. Minute war praktisch die Entscheidung, das 5:2 durch Sakic in der 59. Minute nur noch das Sahnehäubchen.
20 Stunden nach ihrer bitteren 2:3-Halbfinal-Niederlage gegen die USA holten sich die russischen Eishockey-Stars durch einen ungefährdeten 7:2-Sieg gegen Außenseiter Weißrussland als kleinen Trost die Bronzemedaille.
Das deutsche Team hatte seine Qualifikations-Gruppe als Erster beendet – mit drei Siegen gegen die Slowakei (3:0), Österreich (3:2) und Lettland (4:1). Im Viertelfinale kam dann allerdings mit 0:5 gegen die USA das Aus. Bundestrainer Hans Zach stellte fest: »Wir haben zehn Minuten lang zu nachlässig gespielt.« Jeremy Roenick (14.), Chris Chelios (21.) sowie Tony Amonte (30.), LeClair (31.) und Brett Hull (32.) mit drei Toren innerhalb von 125 Sekunden besiegelten das deutsche Olympia-Aus. In der Endabrechnung belegt das Zach-Team wie bei der Heim-WM 2001 den achten Platz.
Der Bundestrainer zog dennoch ein positives Fazit: »Es war ein weiterer Schritt nach vorn, den man eigentlich nicht für möglich gehalten hatte. Wir haben Eishockey in Deutschland wieder in den Blickpunkt gerückt. Ich bin stolz auf diese Mannschaft, sie hat sich hervorragend verkauft.«

Kein neues »Wunder von Lake Placid«: Die US-Amerikaner verloren das Finale gegen die Kanadier mit 2:5 und erhielten »nur« Silber. Kanadas »Super Mario« Lemieux nahm die Glückwünsche entgegen.

Das »Menetekel« an der Tafel: 10:0 Tore bei 53:6 Schüssen, noch fast viereinhalb Minuten zu spielen. Das zeigte der Klassen-Unterschied zwischen dem Silber-Team der USA und den am Ende sechstplatzierten deutschen Eishockey-Damen.

Nicht mehr drin

Keinen Bock auf Feiern« hatte Stephanie Wartosch-Kürten. Das Ende ihres olympischen Abenteuers hatte sich die Torhüterin der deutschen Eishockey-Nationalmannschaft anders vorgestellt. »Wir haben so einen Mist gespielt«, ärgerte sich die 23-Jährige mit Tränen in den Augen nach der 0:5-Pleite im Spiel um Platz fünf gegen Russland. Rang fünf wie bei der WM im Vorjahr hatten sie und ihre Kolleginnen angepeilt, ein bisschen sogar von Bronze geträumt und am Ende doch ihr Ziel verpasst.

Der Frust saß tief bei der Sportsoldatin Wartosch-Kürten, die bei der olympischen Premiere der deutschen Eishockey-Frauen in vier Spielen insgesamt 14-mal den Puck aus dem Netz holen musste. Nur langsam wich die Enttäuschung dem positiven Olympia-Feeling. »Okay, insgesamt war es schon toll«, meinte Wartosch-Kürten: »Ich kann nur jedem empfehlen, sich anzustrengen, um Olympische Spiele selbst einmal zu erleben. Es lohnt sich wirklich.«

Und Bundestrainer Rainer Nittel blieb nur das Fazit: »Es war für uns nicht mehr drin.« Das Finale bestritten – wie in Nagano 1998 – Titelverteidiger USA ge-

Um sein 1,63 Meter breites und 1,22 Meter hohes Tor – und sich selbst – vor den mit bis zu 160 Stundenkilometern heranfliegenden Pucks zu schützen, ist der Eishockey-Torhüter neben einem besonders großen Schläger, bis zu 25 cm breiten Schienbeinschonern und zahlreichen weiteren Protektoren auch mit einer nicht selten kunstvoll verzierten Gesichtsmaske ausgestattet. Je nach Größe trägt der »Goalie« somit zwischen 18 und 20 Kilogramm zusätzliches Gewicht am Körper. Die schnellste Mannschaftssportart der Welt feierte ihre olympische Premiere übrigens ausgerechnet bei Sommerspielen – 1920 in Antwerpen. Seit Nagano 1998 spielen auch die Frauen um olympische Medaillen.

gen Kanada. Danach flossen bei den US-Amerikanerinnen die Tränen. Denn als haushohe Favoritinnen hatten sie gegen die Erz-Rivalinnen aus Kanada mit 2:3 verloren – vor heimischen Publikum, nach 36 Siegen in Folge, darunter auch acht gegen den neuen Olympiasieger. Das Spiel um Platz drei gewann Schweden gegen Finnland mit 3:2.

STATISTIK

Eishockey, Damen

11.-21.2.2002, E Center, The Peaks Ice Arena

Finale

CAN – USA (1:0, 2:1, 0:1) 3:2
1:0 Ouellette (1:45), 1:1 King (21:59), 2:1 Wickenheiser (24:10), 3:1 Hefford (39:59), 3:2 Bye (56:27)

Finale um Platz 3

SWE – FIN (2:0, 0:1, 0:0) 2:1
1:0 Samuelsson (5:08), 2:0 Samuelsson (17:15), 2:1 Sikio (31:35)

Spiel um Platz 5

RUS – GER (2:0, 1:0, 2:0) 5:0

Spiel um Platz 7

CHN – KAZ (1:0, 0:0, 0:1, 1:0) n.V. 2:1

Vorrunde Gruppe A: CAN – KAZ , 7:0, SWE – RUS 3:2, CAN – RUS 7:0, SWE – KAZ 7:0, RUS – KAZ 4:1, CAN – SWE 11:0

Team	Sp	+	o	-	P	Tore
CAN	3	3	0	0	6	25:0
SWE	3	2	0	1	4	10:13
RUS	3	1	0	2	2	6:11
KAZ	3	0	0	3	0	1:18

Vorrunde Gruppe B: USA – GER 10:0, FIN – CHN 4:0, FIN – GER 3:1, USA – CHN 12:1, USA – FIN 5:0, GER – CHN 5:5

Team	Sp	+	o	-	P	Tore
USA	3	3	0	0	6	27:1
FIN	3	2	0	1	4	7:6
GER	3	0	1	2	1	6:18
CHN	3	0	1	2	1	6:21

Vertauschte Rollen: Die deutsche Stürmerin Michaela Lanzl aus Germering (links) hat alle Hände voll zu tun, US-Verteidigerin Lyndsay Wall am Aufbau eines neuen Angriffs zu hindern.

Kehraus im Tiebreak

Skip Natalie Nessler wischte sich enttäuscht die Tränen aus den Augenwinkeln, Teamkameradin Heike Wieländer warf ihren Besen frustriert auf den Boden. Die deutschen Curling-Damen hatten bei Olympia die entscheidende Tiebreak-Partie gegen Großbritannien nach 3:1-Führung noch mit 5:9 verloren. Dem Leistungseinbruch folgte das Stimmungstief. Die Medaillenrunde fand ohne sie statt. Nachdem zuvor bereits das Herren-Team in der Vorrunde nur den sechsten Rang belegt hatte und ausgeschieden war, kam auch die Damen-Auswahl nicht über Platz fünf hinaus. In Nagano 1998 waren beide Teams noch Letzte gewesen.
Im Finale der Herren sicherte der norwegische Skip Paal Trulsen unter den Augen von

Das englische »curlen« heißt im Deutschen »drehen«, und Curlen nennt man den Drall des maximal 19,96 kg schweren Granitsteins, der vom »Hack« (Abgabestelle) gespielt wird und am besten im »Haus«, einem in einer Entfernung von 34,75 m liegenden Kreis von 3,66 m Durchmesser, landen soll. Unterwegs können die Spieler durch Wischen der Eisfläche mit einem Besen den Lauf des Steins verlängern, verkürzen oder auch die Richtung ändern.

König Harald V. mit dem letzten Stein seinem Team ein 6:5 gegen Kanada. Bronze gewann Nagano-Olympiasieger Schweiz mit 7:3 gegen Weltmeister Schweden. Im Damen-Finale gab es durch das schottische Team um Skip Rhona Martin nach dem 4:3-Erfolg gegen die Schweiz die erste Goldmedaille für Großbritannien bei Winterspielen seit 1984. Dieser Erfolg bescherte dem Team prompt einen Werbevertrag – für ein Putzmittel.

»Mit dem Erreichten sind wir dennoch sehr zufrieden«, bilanzierte die deutsche Verbandspräsidentin Juliane Hummelt: »Mich freut zudem, dass wir es geschafft haben, die Öffentlichkeit für unseren Sport zu begeistern. ARD und ZDF haben mit Curling Einschaltquoten von bis zu acht Millionen Zuschauern erreicht.«

Auch Skip Natalie Nessler konnte nach der ersten Enttäuschung schon wieder lächeln. Nach dem Rücktritt der in den vergangenen Jahren erfolgreichsten deutschen Curlerin Andrea Schöpp, die sich mit dem Team überworfen hatte, spielte die Mannschaft erst seit vergangenem Dezember in der Olympia-Besetzung. »Ich denke nicht, dass wir mit Schöpp hier mehr erreicht hätten«, meinte Natalie Nessler.

Die Herren waren mit drei Siegen in Folge in das Turnier gestartet, schlossen es jedoch mit vier Niederlagen hintereinander ab. Skip Sebastian Stock, der zunächst zu den herausragenden Spielern des Turniers gehört hatte, zog sich eine fiebrige Erkältung zu und konnte zum entscheidenden letzten Spiel gegen die Schweiz nur mit Infusionen fit gemacht werden. »Von Sebastian war daher gar keine Normalform zu erwarten. Für die Mannschaft war es dennoch frustrierend, dass sie derart geschwächt die Partie mit 4:10 abgeben musste«, klagte Präsidentin Juliane Hummelt.

Die deutschen Frauen um Skip Natalie Nessler (links oben) verpassten trotz aller Konzentration von Sabine Belkofer (links unten) sowie der aufopferungsvollen »Putzhilfe« von Heike Wieländer und Karin Fischer (oben rechts) durch ein 5:9 im Tiebreak gegen den späteren Goldmedaillen-Gewinner Großbritannien das Halbfinale.

STATISTIK

Curling, Damen

11.–21.2.2002, The Ice Sheet at Ogden

Finale

GBR – SUI 4:3

GBR: Janice Rankin, Fiona MacDonald, Debbie Knox, Skip Rhona Martin, SUI: Laurence Bidaud, Tanya Frei, Mirjam Ott, Skip Luzia Ebnöther.

GBR 0 0 0 0 2 0 1 0 0 1
SUI 0 0 0 1 0 0 0 1 1 0

Spiel um Platz 3

CAN – USA 9:5

Halbfinale

GBR – CAN 6:5
SUI – USA 9:4

Vorrunde »Jeder gegen Jeden«, Abschluss:

Team	Spiele	Siege	Niederlagen
CAN	9	8	1
SUI	9	7	2
USA	9	6	3
GBR	9	5	4
GER	9	5	4
SWE	9	5	4
NOR	9	4	5
DEN	9	2	7
JPN	9	2	7
RUS	9	1	8

Ergebnisse (u.a.): SUI – DEN 9:8, GER – RUS 8:5, SUI – RUS 7:6, GER – DEN 9:5, GER – JPN 5:3, SUI – NOR 7:5, NOR – GER 10:5, SUI – JPN 8:7, SUI – USA 7:6, GBR – SUI 7:4, CAN – GER 8:4,GER – SWE 7:5, USA – GER 7:6, SWE – SUI 8:7, GER – GBR 7:5, SUI – CAN 7:6, SUI – GER 10:4

Tiebreakers: GBR – SWE 6:4, GBR – GER 9:5

Curling, Herren

11.–22.2.2002, The Ice Sheet at Ogden

Finale

NOR – CAN 6:5

NOR: Bent Anund Ramsfjell, Flemming Davanger, Lars Vagberg, Skip Pal Trulsen, CAN: Don Bartlett, Carter Rycroft, Don Walchuk, Skip Kevin Martin.

NOR 0 1 0 2 0 0 1 0 1 1
CAN 0 0 0 0 2 1 0 2 0 0

Spiel um Platz 3

SUI – SWE 7:3

SUI: Christof Schwaller, Damian Grichting, Markus Eggler, Skip Andreas Schwaller.

Halbfinale

CAN – SWE 6:4
NOR – SUI 7:6

Vorrunde »Jeder gegen Jeden«, Abschluss:

Team	Spiele	Siege	Niederlagen
CAN	9	8	1
NOR	9	7	2
SWE	9	6	3
SUI	9	6	3
FIN	9	5	4
GER	9	4	5
DEN	9	3	6
GBR	9	3	6
USA	9	3	6
FRA	9	0	9

Ergebnisse (u.a.): GER – FRA 9:5, SUI – NOR 5:4, GER – FIN 7:6, SUI – DEN 10:6, FIN – SUI 6:5, GER – USA 9:8, GBR – GER 7:6, SUI – SWE 8:7, USA – SUI 6:2, GER – DEN 7:6, CAN - GER 9:7, CAN – SUI 7:2, SUI – GBR 10:4, NOR – GER 10:5, SWE – GER 5:4, SUI – FRA 7:3, SUI – GER 10:4

Unrühmliche Schlagzeilen überschatteten die vier Entscheidungen der Eiskunstläufer und Eistänzer im Salt Lake Ice Center. Zuerst ging es um eine manipulierte Wertung im Paarlauf zu Ungunsten der Kanadier, dann protestierte Litauen nach der Medaillenvergabe im Eistanz gegen angeblich zu gute Wertungen für die gestürzten Italiener und Kanadier, die vor den Landsleuten eingestuft wurden, und bei der mit Hochspannung erwarteten Entscheidung im Wettbewerb der Damen wurde den Wertungsrichtern nach dem Kurzprogramm zu wenig Rückgrat gegenüber den gastgebenden Amerikanern vorgeworfen.
Die vier Wettbewerbe endeten mit fünf Siegern: Elena Bereschnaja/Anton Sicharulidse aus Russland und Jamie Sale/David Pelletier aus Kanada im Paarlaufen, erwartungsgemäß Alexej Jagudin bei den Herren, überraschend die Einheimische Sarah Hughes bei den Damen und die Franzosen Marina Anissina/Gwendal Peizerat im Eistanzen.

Eiskunstlauf

»I have a dream« – nach dem Motto des amerikanischen Bürgerrechtlers Martin Luther King tanzten die Franzosen Marina Anissina und Gwendal Peizerat im Salt Lake Ice Center zu Gold.

IOC-Präsident Rogge: »Nicht das erste Mal«

»Es ist nicht das erste Mal, so etwas passierte schon dreimal zuvor«, kommentierte IOC-Präsident Jacques Rogge die Berichtigung der Paarlauf-Entscheidung. Allerdings wurde eine solche Korrektur erstmals noch während laufender Olympischer Spiele beschlossen.

- **1924 in Chamonix wurde der Amerikaner Anders Haugen Vierter im Skispringen. Doch die Kampfrichter hatten sich verrechnet. 50 Jahre später wurde ihm die Bronzemedaille nachträglich zuerkannt.**
- **1984 in Los Angeles wurde die Französin Michelle Chardonnet im 100-Meter-Hürdenlauf trotz »totem Rennen« hinter Kim Turner (USA) nur auf Platz 4 gesetzt. Monate später erhielt sie nachträglich auch eine Bronzemedaille.**
- **1992 in Barcelona erhielt die Kanadierin Sylvie Frechette nur Silber im Synchronschwimmen, weil ein Kampfrichter versehentlich nur 8,7 statt beabsichtigter 9,7 Punkte in den Computer eingegeben hatte. Die Regeln des Weltverbandes FINA ließen eine Korrektur nicht zu. Das IOC erkannte ihr 1993 dennoch ebenfalls eine Goldmedaille zu.**

Bei allen anderen Änderungen handelte es sich nicht um nachträgliche Ergebnis-Korrekturen, sondern um Disqualifikationen wegen Dopings (wie im Falle des kanadischen Sprinters Ben Johnson 1988) oder zum Beispiel eines Verstoßes gegen die Amateurregeln (wie beim amerikanischen Zehnkämpfer Jim Thorpe 1912, später rehabilitiert).

Happy End nach Mauschelei

Für Jamie Sale und David Pelletier gab es bei der olympischen »Love Story on Ice« erst einmal kein Happy End. Stattdessen geriet die Paarlauf-Entscheidung zu einer der umstrittensten der Olympia-Geschichte. Die Weltmeister aus Kanada waren nach der Kür ihres Lebens von fünf der neun Preisrichter nur auf den »Silber-Platz« hinter das russische Paar Elena Bereschnaja/Anton Sicharulidse gesetzt worden.

Nicht nur für Katarina Witt baumelten die goldenen Plaketten an den falschen Hälsen. »Diese Wertung ist ein Skandal«, kritisierte die zweimalige Olympiasiegerin direkt nach der Bekanntgabe des Ergebnisses.

»Es war wie ein Hammerschlag«, brach es aus dem blondgelockten Pelletier heraus. Tränen schossen in seine Augen. »Ich werde mir gründlich überlegen, ob ich weiterlaufe. Es ist gut möglich, dass dies die letzte Kür meiner Karriere war.« Partnerin Jamie Sale sagte schluchzend in Richtung Preisrichter: »Ich werde diesen Sport immer lieben, und niemand wird mir diese Liebe nehmen können.«

Dreieinhalb quälend lange Tage oder 85 Stunden später war für die beiden Kanadier, aber auch für viele internationale Experten und Beobachter, die Eiskunstlauf-Welt wieder in Ordnung – wenigstens halbwegs. Auf Druck des Internationalen Olympischen Komitees und nach einer Untersuchung durch den Weltverband ISU entschloss man sich noch vor Ort zur Vergabe einer zweiten Goldmedaille an das kanadische Paar – ein Novum in der 78-jährigen Geschichte Olympischer Winterspiele.

STATISTIK

Eiskunstlauf, Paarlaufen

9./11.2.2002, Salt Lake Ice Center

1.	Elena Bereschnaja / Anton Sicharulidse	RUS	*
1.	Jamie Sale / David Pelletier	CAN	*
3.	Xue Shen / Hongbo Zhao	CHN	4,5
4.	Tatjana Totmianina / Maxim Marinin	RUS	6,0
5.	Kyoko Ina / John Zimmerman	USA	7,5
6.	Maria Petrowa / Alexej Tichonow	RUS	9,0
7.	Dorota Zagorska / Mariusz Siudek	POL	11,0
8.	Katerina Berankova / Otto Dlabola	CZE	11,5
9.	Qing Pang / Jian Tong	CHN	14,0
10.	Jacinthe Lariviere / Lenny Faustino	CAN	16,5
14.	Mariana Kautz / Norman Jeschke	GER	21,0

* ohne Punktzahlen nach IOC-Entscheidung

Grund: eine Mauschelei zwischen dem russischen und französischen Verband. Nach dem Motto »setzt ihr (Frankreich) unser (russisches) Paarlauf-Paar auf eins, tun wir (Russland) das mit eurem Eistanz-Paar«. Jedenfalls soll der französische Verband in diesem Sinne auf »seine« Preisrichterin Marie-Reine Le Gougne eingewirkt haben – so die Erkenntnisse der Untersuchung. Die Französin wurde suspendiert.

Noch lange wird man wohl bei der Deutschen Eislauf-Union auf ein internationales Spitzenpaar warten müssen. Vier Jahre nach der Bronzemedaille für die Chemnitzer Mandy Wötzel und Ingo Steuer boten Mariana Kautz und Norman Jeschke ein trauriges Bild. Die beiden Berliner blieben noch unter ihren ohnehin begrenzten Möglichkeiten und landeten abgeschlagen auf Rang 14.

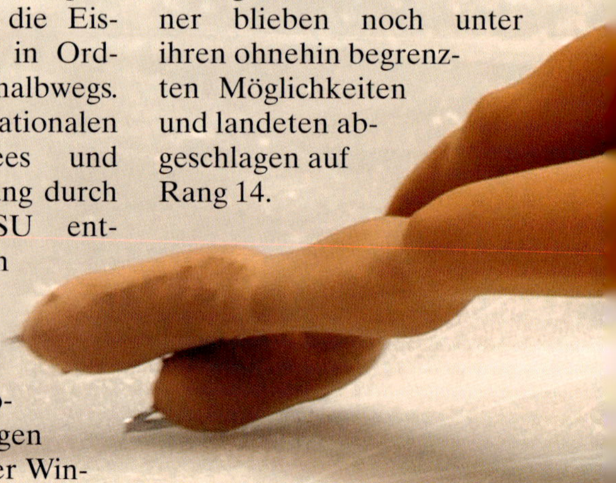

Mit 5:4-Preisrichterstimmen gewannen Elena Bereschnaja/Anton Sicharulidse aus Russland (oben) umstritten Gold im Paarlauf. 85 Stunden später erhielten nach IOC-Entscheid auch die Kanadier Jamie Sale/David Pelletier die wichtigste olympische Plakette. Die Deutschen Mariana Kautz/Norman Jeschke (unten) blieben unter ihren Möglichkeiten und waren als 14. nur Mitläufer.

Die Kür ihres Lebens lief die erst 16 Jahre alte Sarah Hughes. Erinnerungen an Nagano wurden wach: die damalige Siegerin Tara Lipinski war erst 15 Jahre und acht Monate alt.

»From Sarah with love«

From Sarah with love« – mit eisigen Grüßen hat Sarah Hughes ihren hochgewetteten Rivalinnen den Titel der olympischen Eisprinzessin von Salt Lake City weggeschnappt. »Das war die Kür meines Lebens«, sagte die Amerikanerin nach ihrem Triumph im Salt Lake Ice Center cool und grinste breit, von Freudentränen keine Spur. Teamkollegin Michelle Kwan und Irina Slutskaja aus Russland sahen sich nur kurz an und senkten dann betreten die Köpfe.

Die viermalige Weltmeisterin Kwan patzte, die viermalige Europameisterin Slutskaja zauderte – und der erst 16 Jahre alte Teenager aus dem Staat New York nutzte die unverhoffte Chance mit Bravour. »Sarah hatte das schwierigste Programm und eine tolle Ausstrahlung, irre«, kommentierte Eiskönigin Katarina Witt den unerwarteten Ausgang eines Abends, bei dem 16500 Zuschauer eigentlich den Triumph ihres Lieblings Kwan zelebrieren wollten.

Dass es ganz anders kam, daran hatte die nach dem Kurzprogramm führende »Belle Michelle« selbst schuld. Ein Sturz beim dreifachen Flip, eigentlich ihrem Paradesprung, leitete endgültig die Niederlage ein. Schon zuvor hatte die 21-Jährige ihre Dreifach-Kombination ausgelassen. Auch Slutskaja scheute das letzte Risiko, ein verhängnisvoller Fehler. Hughes hingegen riskierte alles und gewann alles.

Entsprechend drastisch fiel die Wortwahl bei Kufen-Millionärin Kwan aus. »Die ganze Woche habe ich gut trainiert, beim Einlaufen hat alles funktioniert und nun so ein verdammter Mist«, schimpfte die Jura-Studentin auf sich selbst. Vier Jahre lang hatte die Kalifornierin hingearbeitet, ihr Olympia-Silber von Nagano in Utah zu vergolden, wieder hatte es nicht gereicht.

Bei allem Zorn akzeptierte Kwan letztlich ihre Niederlage, Slutskaja hingegen, üblicherweise auch bei zweiten und dritten Plätzen recht fröhlich, war diesmal ungehalten. »Ich bin offenkundig nicht die einzige Russin hier, die etwas durchmachen muss. Meine Noten für die Präsentation waren eine Schande.«

Zum zweiten Mal nach 1998 konnte Michelle Kwan bei Olympischen Spielen das große Ziel Gold nicht erreichen. Nach Silber in Nagano gab es in Salt Lake City Bronze.

STATISTIK

Eiskunstlauf, Damen

19./21.2.2002, Salt Lake Ice Center

1.	Sarah Hughes	USA	3,0
2.	Irina Slutskaja	RUS	3,0
3.	Michelle Kwan	USA	3,5
4.	Sasha Cohen	USA	5,5
5.	Fumie Suguri	JPN	8,5
6.	Maria Butyrskaja	RUS	8,5
7.	Jennifer Robinson	CAN	11,0
8.	Julia Sebestyen	HUN	11,0
9.	Viktoria Woltschkowa	RUS	16,0
10.	Silvia Fontana	ITA	17,5
13.	Sarah Meier	SUI	20,5

Triumphator Jagudin

Der souveräne Olympiasieger Alexej Jagudin küsste das Eis im Salt Lake Ice Center: Jubel, Tränen, Emotionen – bei der olympischen Herren-Kür wurden alle erforderlichen Zutaten zu einer sehenswerten Eis-Show gemixt.

»Ich habe in den letzten Wochen wohl alles richtig gemacht«, sagte der Russe. Vor 16 500 Zuschauern bot er eine Kür, wie es sie vor olympischem Publikum noch nicht gegeben hatte. Nur der Europameister selbst schränkte bescheiden ein wenig ein: »Es war vielleicht nicht mein schwierigstes, aber bestimmt mein saubserstes Programm.«

So sahen es auch die neun Preisrichter. Einmütig setzten sie Jagudin auf den ersten Platz, und da der dreimalige Weltmeister als Letzter der 24 Finalisten auf das Eis ging, gaben vier Juroren noch das Sahnehäubchen, die »Traumnote sechs« für die Präsentation, obendrauf. Jagudins Landsmann Jewgeni Pluschenko hatte ebenso wenig eine Siegchance wie der drittplatzierte US-Amerikaner Timothy Goebel.

Dennoch war der neue Olympiasieger von seinem Erfolg überwältigt. »Wie im Nebel« erlebte er das Warten auf die Noten und auch die Küsse und Umarmungen von Trainerin Tatjana Tarassowa. Sein Lob für die pelzbehangene Moskauerin klang wie eine Ode: »Sie hat binnen vier Jahren einen neuen Menschen aus mir gemacht.«

STATISTIK

Eiskunstlauf, Herren

12./14.2.2002, Salt Lake Ice Center

1.	Alexej Jagudin	RUS	1,5
2.	Jewgeni Pluschenko	RUS	4,0
3.	Timothy Goebel	USA	4,5
4.	Takeshi Honda	JPN	5,0
5.	Alexander Abt	RUS	7,5
6.	Todd Eldredge	USA	10,5
7.	Michael Weiss	USA	11,0
8.	Elvis Stojko	CAN	11,5
9.	Chengjiang Li	CHN	12,0
10.	Anthony Liu	AUS	15,0
15.	Stephane Lambiel	SUI	24,0

Keine Diskussionen, sondern viermal die Traumnote 6,0 gab es beim Erfolg des dreimaligen Weltmeisters Alexej Jagudin vor seinem russischen Landsmann Jewgeni Pluschenko (links) und dem Amerikaner Timothy Goebel. »Es war vielleicht nicht mein schwierigstes, aber bestimmt mein sauberstes Programm,« meinte der Olympiasieger bescheiden.

Die Berliner Kati Winkler und der nach seiner Verletzung am Schluss völlig erschöpfte René Lohse blieben in der Eistanz-Entscheidung mit Rang acht im Rahmen ihrer Möglichkeiten.

STATISTIK

Eistanzen

15./17./18.2.2002, Salt Lake Ice Center

1.	Marina Anissina / Gwendal Peizerat	FRA	2,0
2.	Irina Lobatschewa / Ilja Awerbuch	RUS	4,0
3.	Barbara Fusar-Poli / Maurizio Margaglio	ITA	6,0
4.	Shae-Lynn Bourne / Victor Kraatz	CAN	8,0
5.	Margarita Drobiazko / Povilas Vanagas	LTU	10,0
6.	Galit Chait / Sergei Sakhnovski	ISR	12,0
7.	Albena Denkowa / Maxim Stawijski	BUL	14,0
8.	Kati Winkler / René Lohse	GER	16,0
9.	Jelena Gruschina / Ruslan Gontscharow	UKR	19,0
10.	Tatjana Nawka / Roman Kostomarow	RUS	19,0
14.	Eliane Hugentobler / Daniel Hugentobler	SUI	28,4

Französischer Sieg nach 70 Jahren

»I have a dream« – begleitet von den pathetischen Worten des US-Bürgerrechtlers Martin Luther King erfüllten sich die Eistänzer Marina Anissina und Gwendal Peizerat im Salt Lake Ice Center ihren olympischen Traum. »Dieser Mann hat für die Freiheit der Menschen in diesem Land gekämpft, deshalb haben wir ihm unser Programm ›Liberta‹ gewidmet«, sagte der blondgelockte Peizerat nach dem ersten Eiskunstlauf-Gold für Frankreich seit 70 Jahren.
Die politische Botschaft kam im von konservativen Mormonen beherrschten Bundesstaat Utah zwar nicht so recht rüber, aber das US-Publikum im Salt Lake Ice Center erfreute sich stattdessen an den spektakulären Hebungen und Drehungen der Europameister. Dennoch fiel der Sieg knapper aus als erwartet: Nur mit 5:4-Preisrichterstimmen gaben die Ex-Weltmeister den Russen Irina Lobatschewa und Ilja Awerbuch das Nachsehen.

Andere, die sich ebenfalls Hoffnungen auf den Sieg gemacht hatten, brachten sich durch in der Eistanz-Weltklasse eher seltene Stürze um alle Chancen. Die Weltmeister Barbara Fusar-Poli und Maurizio Margaglio aus Italien retteten wenigstens die Bronzemedaille, leer aus gingen dagegen die Kanadier Shae-Lynn Bourne und Victor Kraatz.
Die Berliner Kati Winkler und René Lohse wurden Achte. Lohse war wegen seiner Knieoperation und wochenlanger Zwangspause nach der Ragtime-

Die Weltmeister Barbara Fusar-Poli und Maurizio Margaglio aus Italien retteten trotz eines in der Eistanz-Weltklasse eher seltenen Sturzes wenigstens die Bronzemedaille.

Mit 4:5-Preisrichterstimmen unterlagen die Russen Irina Lobatschewa und Ilja Awerbuch den Siegern aus Frankreich.

Kür auf 1360 Meter Höhe körperlich am Ende und stand dicht vor einem Kreislaufkollaps. Die von Eistanz-Guru Christopher Dean für die stolze Summe von 10 000 Dollar choreographierte Kür war zudem bei weitem nicht so innovativ und kreativ wie die Programme der Vorjahre. Trotz der in den USA eigentlich populären Musik von Scott Joplin sprang der Funke zu den Zuschauern nicht über.

Und so meldete Kati Winkler erste vorsichtige Zweifel an den Fähigkeiten des englischen Bolero-Tänzers an: »Vielleicht hatte die Musik, die er für uns ausgesucht hat, wirklich zu wenig Tempo.«

Die vom Publikum geliebte und äußerst telegene Sportart der Henies, Rodninas, Schnelldorfers oder Witts & Co. gilt als die »Mutter des olympischen Wintersports«. Allerdings wurden die beiden ersten olympischen Goldmedaillen bei Sommerspielen vergeben. Nach dem 1908 siegreichen zehnmaligen Weltmeister Ulrich Salchow aus Schweden ist noch heute ein Sprung aus dem Standard-Repertoire eines jeden Läufers benannt. Die erste Olympiasiegerin Florence Madeline (»Madge«) Syers aus Großbritannien, die 1908 im Prince's Skating Rink an der Londoner Knightsbridge triumphierte, war bereits 1902 unter ihrem Mädchen-Namen Cave WM-Zweite geworden – bei den Männern.

Erfolgreiches deutsches Damen-Quartett im Eisschnelllaufen (im Uhrzeigersinn von links oben): Anni Friesinger (Gold über 1500 m), Sabine Völker mit Trainer Stephan Gneupel (zweimal Silber und einmal Bronze), Claudia Pechstein (Gold in beiden Langstrecken-Rennen) sowie Monique Garbrecht-Enfeldt (Silber im Sprint).

Eisschnelllauf

Bis zu den Olympischen Spielen 2002 galt das Eis im kanadischen Calgary als das schnellste der Welt, abzulesen an den Ortsangaben vieler aktueller Weltrekorde der Langbahn-Spezialisten und Shorttracker. Nach den Spielen in Salt Lake City steht die 400-m-Piste bei acht Rekorden als Ursprungsbahn in den Annalen. Der Vollständigkeit halber sei erwähnt, dass nur auf der kurzen Sprintstrecke in Salt Lake City keine neuen Weltbestleitungen erzielt wurden. Und bei den Shorttrackern fiel ein Weltrekord. Auf der langen Bahn im Utah Olympic Oval im Vorort Kearns ging je dreimal Gold an Gastgeber USA, Deutschland und die Niederlande. Einmal war zum Abschluss ihrer großartigen Karriere noch Catriona LeMay-Doan siegreich. Bei den Kurzbahn-Spezialisten teilten sich fünf Länder die acht Siege: je zweimal Südkorea, China und Kanada, einmal die USA und überraschend Australien.

Gleich elf Weltrekorde gab es in neun Konkurrenzen auf dem »Wunder-Eis« im Utah Olympia Oval. Als Einziger ohne neue Bestmarke holte Casey FitzRandolph über die 500 m eine der drei Goldmedaillen, die die amerikanischen Gastgeber gewannen.

Garbrecht lobt Sprintkönigin LeMay-Doan

Nicht zu schlagen: Die kanadische Weltrekordlerin Catriona LeMay-Doan war – wie schon 1998 in Nagano – auch auf dem »Wunder-Eis« des Utah Olympic Oval über die 500 m das Maß aller Dinge.

Monique Garbrecht-Enfeldt und Sabine Völker badeten in Emotionen, nachdem sie mit Silber und Bronze über 500 Meter endlich ihre lang gehegten olympischen Medaillenträume wahr gemacht hatten. »Diesen kurzen Moment will ich voll genießen, so etwas ist ganz selten im Leben und hält nicht so lange an. Ich habe schwere Zeiten mitgemacht und bin einfach glücklich«, sagte die 33-jährige Garbrecht, die in Salt Lake City zehn Jahre nach Bronze über 1000 Meter von Albertville ihre zweite Olympia-Medaille gewann.

Da war es auch egal, dass die Deutschen ihre Plaketten erst mit 24 Stunden Verspätung erhielten, weil Kanadas Olympiasiegerin Catriona LeMay-Doan nicht rechtzeitig zur Zeremonie erschien. Für Garbrecht, die 2001 an selber Stelle den WM-Titel holte, kam der Erfolg nach wochenlangem Formtief und daraus resultierenden Selbstzweifeln selbst überraschend.

Im »Lauf meines Lebens« hatte sie im ersten der beiden Wertungsrennen den deutschen 500-Meter-Rekord auf 37,34 Sekunden verbessert. LeMay-Doan war in 37,30 nur 0,08 Sekunden über ihrem Weltrekord geblieben. Im zweiten Rennen war Monique Garbrecht in 37,60 Sekunden im direkten Duell mit der Olympiasiegerin (37,45) deutlich langsamer. »Catriona hat gezeigt, dass sie über 500 Meter der Chef ist«, lobte Garbrecht die Sprintkönigin, die nach der Wiederholung des Nagano-Triumphs ihre olympische Laufbahn beendete.

Völker schnell wie nie – Chris Witty siegt

Sabine Völker lief schneller als je zuvor, das Gold und den Weltrekord musste die Eisschnellläuferin aus Erfurt jedoch einer anderen überlassen. Die wochenlang an einer Erkrankung des Immunsystems leidende US-Amerikanerin Chris Witty, 1998 Zweite der

STATISTIK

Eisschnelllauf, 500 m, Damen

13./14.2.2002, Utah Olympic Oval

WR 37,22 Catriona LeMay-Doan (CAN) 9.12.2001 Calgary
OR 38,21 Catriona LeMay-Doan (CAN) 14.2.1998 Nagano

1.	Catriona LeMay-Doan	CAN	1:14,75	**37,30 (1) / 37,45 (1)
2.	Monique Garbrecht-Enfeldt	GER	1:14,94	37,34 (2) / 37,60 (3)
3.	Sabine Völker	GER	1:15,19	37,62 (5) / 37,57 (2)
4.	Andrea Nuyt	NED	1:15,37	37,54 (3) / 37,83 (5)
5.	Anschelika Kotjuga	BLR	1:15,39	37,73 (6) / 37,66 (4)
6.	Tomomi Okazaki	JPN	1:15,64	37,77 (7) / 37,87 (6)
7.	Swetlana Schurowa	RUS	1:15,64	37,55 (4) / 38,09 (8)
8.	Marianne Timmer	NED	1:16,17	38,30 (13) / 37,87 (6)
9.	Yukari Watanabe	JPN	1:16,20	37,98 (9) / 38,22 (10)
10.	Swetlana Kaikan	RUS	1:16,31	38,05 (10) / 38,26 (11)
15.	Jenny Wolf	GER	1:16,73	38,36 (16) / 38,37 (13)
19.	Marion Wohlrab	GER	1:17,37	38,66 (19) / 38,71 (17)
26.	Emese Hunyady	AUT	1:18,89	39,38 (26) / 39,51 (26)

Reihenfolge: Gesamtzeit
1. Lauf (Platzierung) / 2. Lauf (Platzierung)

Eisschnelllauf, 1000 m, Damen

17.2.2002, Utah Olympic Oval

WR 1:14,06 Sabine Völker (GER) 2.12.2001 Salt Lake City
OR 1:16,51 Marianne Timmer (NED) 19.2.1998 Nagano

1.	Chris Witty	USA	15	*1:13,83
2.	Sabine Völker	GER	17	1:13,96
3.	Jennifer Rodriguez	USA	16	1:14,24
4.	Marianne Timmer	NED	11	1:14,45
5.	Anni Friesinger	GER	16	1:14,47
6.	Monique Garbrecht-Enfeldt	GER	18	1:14,60
7.	Aki Tonoike	JPN	17	1:14,64
8.	Andrea Nuyt	NED	13	1:14,65
9.	Catriona LeMay-Doan	CAN	15	1:14,72
10.	Chiara Simionato	ITA	12	1:14,86
21.	Marion Wohlrab	GER	9	1:16,51

Reihenfolge: Startpaar, Zeit

Eisschnelllauf, 1500 m, Damen

20.2.2002, Utah Olympic Oval

WR 1:54,38 Anni Friesinger (GER) 4.3.2001 Calgary
OR 1:57,58 Marianne Timmer (NED) 16.2.1998 Nagano

1.	Anni Friesinger	GER	17	*1:54,02
2.	Sabine Völker	GER	19	1:54,97
3.	Jennifer Rodriguez	USA	20	1:55,32
4.	Cindy Klassen	CAN	20	1:55,59
5.	Chris Witty	USA	10	1:55,71
6.	Claudia Pechstein	GER	18	1:55,93
7.	Tonny de Jong	NED	15	1:56,02
8.	Amy Sannes	USA	13	1:56,29
9.	Maki Tabata	JPN	19	1:56,35
10.	Warwara Barischewa	RUS	9	1:56,44
12.	Emese Hunyady	AUT	9	1:56,51
22.	Marion Wohlrab	GER	16	1:59,67

Reihenfolge: Startpaar, Zeit

Winterspiele von Nagano, stürmte in Salt Lake City völlig unverhofft zum Olympiasieg über 1000 Meter. Sabine Völker fühlte sich in Wittys Sensationsstory trotzdem in einer Hauptrolle: »Ich habe Silber gewonnen, nicht Gold verloren. Ich bewundere mich dafür, dass ich die Nerven behalten habe, als Witty so eine gute Zeit vorgelegt hat.«

In 1:13,83 Minuten blieb das US-Girl Witty im Duell mit Kanadas 500-Meter-Olympiasiegerin Catriona LeMay-Doan um 23 Hundertstelsekunden unter der Marke, die Völker erst zweieinhalb Monate zuvor beim Weltcup an gleicher Stätte aufgestellt hatte. Die über 500 Meter bereits mit Bronze dekorierte 28-jährige Deutsche konterte zwei Laufpaare später: 1:13,96 Minuten. Zum Gold-Coup reichte es nicht ganz, aber zu Silber vor der US-Amerikanerin Jennifer Rodriguez (1:14,24).

Anni Friesinger unterbot in 1:14,47 Minuten ihre persönliche Bestzeit um 28 Hundertstelsekunden und beendete das Rennen auf Platz fünf vor der 500-Meter-Olympiazweiten Monique Garbrecht-Enfeldt aus Berlin (1:14,60).

Freudentränen bei Anni Friesinger

Eine kleine Ewigkeit lagen sich Anni Friesinger und Gunda Niemann-Stirnemann nach dem 1500-Meter-Rennen in den Armen, hemmungslos schluchzte die neue Olympiasiegerin von Salt Lake City vor sich hin. Die Freudentränen nach ihrem größten Triumph hätten eine Badewanne füllen können. Auch die dreimalige Olympiasiegerin Gunda Niemann war tief gerührt: »Ich hatte mir so gewünscht, dass sie es schafft. Sie hat immer an sich geglaubt, obwohl der Druck riesig war. Entscheidend war, dass sie locker geblieben ist.«

Immer wieder nahm Friesinger ihre Goldmedaille in die Hand, so als wolle sie nach all dem Trubel in den Tagen zuvor noch nicht ganz an ihren Sieg glauben. »Mir ist ein Felsbrocken vom Herzen gefallen«, sagte die bayerische Frohnatur, deren Triumph daheim in Inzell von etwa 800 Fans in der Stadthalle mitgefeiert wurde.

Zuvor hatte die 25 Jahre alte Weltmeisterin mit der Verbesserung ihres eigenen Weltrekords um 34 Hundertstelsekunden auf 1:54,02 Minuten Nerven wie Drahtseile bewiesen. Der Jubel im deutschen Lager war besonders groß, weil Sabine Völker in 1:54,97 Minuten Silber vor der US-Amerikanerin Jennifer Rodriguez (1:55,32) und damit ihr drittes Edelmetall der Spiele nach Bronze über 500 Meter und Silber über 1000 Meter gewann – so viele Medaillen holte keine andere Eisschnellläuferin. »Ich genieße sie alle und gönne Anni das Gold«, sagte Völker.

Überraschungs-Coup: Die Amerikanerin Chris Witty (links) gewann Gold über die 1000 m in der Weltrekord-Zeit von 1:13,83 Minuten. Zehn Jahre nach der Bronzemedaille über die 1000 m in Albertville gab es für Monique Garbrecht-Enfeldt in Salt Lake City über die kürzere Sprintstrecke in Form von Silber nochmals eine Medaille.

Pechsteins goldene Triumphe

Gold über 3000 Meter, Gold über 5000 Meter – Claudia Pechstein stahl bei den Eisschnelllauf-Wettbewerben allen Konkurrentinnen die Show. Mit jetzt vier Gold-, einer Silber- und zwei Bronze-Medaillen avancierte sie darüber hinaus zur erfolgreichsten deutschen Olympionikin bei Winterspielen. Über die 3000 Meter hatte sie in 3:57,70 Minuten ebenso einen neuen Weltrekord aufgestellt wie in 6:46,91 Minuten über die 5000 Meter.

»Es hat wieder einmal gereicht. Das Gefühl ist Wahnsinn«, meinte Pechstein nach ihrem 5000-Meter-Sieg. »Eine fabelhafte, unglaubliche Leistung«, kommentierte Anni Friesinger die phänomenale Weltrekordzeit Pechsteins, die den Eisschnelllauf der Damen in eine neue Dimension führte. »Bis vor ein paar Jahren war das eine Männerzeit«, meinte Pechstein – zum dritten Mal in Folge seit 1994 Gold-Medaillen-Gewinnerin über die Langstrecke.

1500-Meter-Olympiasiegerin Anni Friesinger kam in 6:58,39 Minuten nur auf Rang sechs und sagte: »Das war zwar wieder persönliche Bestzeit. Aber die ersten Drei waren elendig weit weg.« An der Zeit der kanadischen Bronze-Medaillen-Gewinnerin Clara Hughes (6:53,53)

STATISTIK

Eisschnelllauf, 3000 m, Damen
10.2.2002, Utah Olympic Oval

WR 3:59,26 Claudia Pechstein (GER) 2.3.2001 Calgary
OR 4:07,29 Gunda Niemann-Stirnemann (GER) 11.2.1998 Nagano

1. Claudia Pechstein	GER	15	*3:57,70
2. Renate Groenewold	NED	16	3:58,94
3. Cindy Klassen	CAN	15	3:58,97
4. Anni Friesinger	GER	13	3:59,39
5. Tonny de Jong	NED	14	4:00,49
6. Maki Tabata	JPN	14	4:03,63
7. Jennifer Rodriguez	USA	13	4:04,99
8. Kristina Groves	CAN	10	4:06,44
9. Emese Hunyady	AUT	6	4:06,55
10. Clara Hughes	CAN	7	4:06,57
12. Daniela Anschütz	GER	7	4:07,55

Reihenfolge: Startpaar, Zeit

Eisschnelllauf, 5000 m, Damen
23.2.2002, Utah Olympic Oval

WR 6:52,44 Gunda Niemann-Stirnemann (GER) 10.3.2001 Salt Lake City
OR 6:59,61 Claudia Pechstein (GER) 20.2.1998 Nagano

1. Claudia Pechstein	GER	7	*6:46,91
2. Gretha Smit	NED	1	6:49,22
3. Clara Hughes	CAN	6	6:53,53
4. Cindy Klassen	CAN	5	6:55,89
5. Warwara Barischewa	RUS	2	6:56,97
6. Anni Friesinger	GER	8	6:58,39
7. Tonny de Jong	NED	8	7:01,17
8. Maki Tabata	JPN	7	7:06,32
9. Catherine Raney	USA	3	7:06,89
10. Kristina Groves	CAN	3	7:07,16
12. Daniela Anschütz	GER	6	7:10,17

Reihenfolge: Startpaar, Zeit

fehlten der 25-Jährigen fast fünf Sekunden; auf die Zweite, Gretha Smit aus den Niederlanden, sogar fast zehn.

Auch im 3000-Meter-Rennen hatte Claudia Pechstein ihre Kontrahentin Anni Friesinger mit einer Galavorstellung besiegt. Die als Favoritin gehandelte Mehrkampf-Weltmeisterin legte zwar glänzende 3:59,39 Minuten vor, musste sich am Ende aber mit einem enttäuschenden vierten Platz begnügen. »Die letzten beiden Runden waren einfach hart«, sagte Friesinger, die ihre Konkurrentin hinterher umarmte. Silber holte Renate Groenewold aus den Niederlanden (3:58,94) vor der Kanadierin Cindy Klassen (3:58,97). Beide blieben ebenfalls noch unter dem alten Weltrekord.

Die Rivalität zwischen den Protagonistinnen der Szene, die im olympischen Dorf gemeinsam in einem von sieben Athletinnen bewohnten Groß-Appartement wohnten, war im mit 4600 Zuschauern ausverkauften Oval von Kearns von Beginn an spürbar. Beide gingen sich bei den Rennvorbereitungen aus dem Weg, allenfalls die Blicke streiften sich. »Auf dem Eis zählt nur die Leistung. Jede konzentriert sich auf sich«, sagte Pechstein-Trainer Joachim Franke: »Das Theater im Vorfeld spielt da keine Rolle mehr.«

In der mit 1425 Meter höchst gelegenen Eishalle der Welt purzelten bei den Eisschnellläufern Weltrekorde, nationale Bestmarken und persönliche Höchstleistungen am laufenden Band. Das Geheimnis des Utah Olympic Oval im Vorort Kearns lag auch in den Künsten der Truppe um »Eismeister« Marc Norman, die den Kufenflitzern ideale Eistemperaturen servierte – von 13,37 Grad bei den Langstrecklern bis 11,1 Grad bei den Sprintern, jeweils abgestimmt auf die Hallentemperatur. In Deutschland eine Randerscheinung, in Asien und Nordamerika jedoch eine große Publikumsattraktion ist »Shorttrack«. Das nach Massenstart und waghalsigen Positionskämpfen in 111 m langen Runden ausgetragene »Rodeo auf dem Eis« zählt seit 1992 zum offiziellen Olympiaprogramm.

Erfolgs-Story: Claudia Pechstein gewann über 3000 m und 5000 m jeweils Gold und avancierte mit nunmehr viermal Gold, einmal Silber und zweimal Bronze zur erfolgreichsten deutschen Winter-Olympionikin aller Zeiten (links mit der Deutschland-Flagge bei der Ehrenrunde und oben rechts mit Perücke in Deutschland-Farben). Anni Friesinger fiel nach ihrem Goldlauf über die 1500 m »eine Zentnerlast in der Größe eines Felsbrockens« vom Herzen.

Schallmauer durchbrochen »Oranje boven«

Für die Kufen-Flitzer aus den Niederlanden hieß es im Eis-Oval von Salt Lake City auch am Ende »Oranje boven«. Für den goldenen Schlusspunkt sorgte der 25-jährige Utrechter Jochem Uytdehaage, als er über die 10 000 Meter mit einem klug eingeteilten Lauf als Erster in 12:58,92 die Schallmauer von 13 Minuten durchbrach und seinen Landsmann Gianni Romme beerbte, der 1998 in Nagano ebenfalls beide Langstrecken gewonnen hatte.

Uytdehaage hatte zuvor ebenfalls in Weltrekordzeit von 6:14,66 Minuten die 5000 Meter gewonnen – auf dieser Strecke hatte der Dresdener Jens Boden als Überraschungsdritter für den einzigen deutschen Medaillengewinn bei den Männern gesorgt – und Silber über die 1500 m hinter dem US-Amerikaner Derek Parra gewonnen. »Vorher habe ich an alles andere geglaubt, aber nicht an diese Erfolge. Ab sofort wird nur noch gefeiert«, freute sich der »Eiskönig« von Salt Lake City.

Sein amerikanischer 1500-Meter-Bezwinger rieb sich beim Eis-Marathon im direkten Duell auf dem »Wunder-Eis« derart auf, dass er bei den 10 000 Metern auf Rang 13 noch hinter dem mit Bronze-Ambitionen gestarteten Frank Dittrich einkam. Der 34 Jahre alte Routinier aus Chemnitz blieb bei seiner vierten Olympia-Teilnahme als Zehnter erneut klar hinter seinem Trainingsgefährten Jens Boden, der Fünfter wurde, zurück.

»Oranje boven« hieß es bei den Männern auch über die 1000 Meter, freilich nicht durch den zuvor hoch gehandelten Erben Wennemars, sondern durch den 30-jährigen Gebrauchtwagen-Händler Gerard van Velde, der in neuer Weltrekordzeit von 1:07,18 Minuten knapp vor seinem Landsmann Jan Bos triumphierte.

Im einzigen Rennen ohne Weltrekord siegte bei den Sprintern

»König« der Eisschnellläufer wurde Jochem Uytdehaage (oben) mit Gold auf den beiden Langstrecken und Silber über die 1500 m. Casey FitzRandolph (unten) blieb im Sprint sogar vor Japans Idol Hiroyasu (»Cannonball«) Shimizu. Frank Dittrich hatte sich mehr ausgerechnet als neunte und zehnte Plätze über die 5000 m und die 10 000 m.

STATISTIK

Eisschnelllauf, 500 m, Herren

11./12.2.2002, Utah Olympic Oval

WR 34,32 Hiroyasu Shimizu (JPN)
10.3.2001 Salt Lake City

OR 35,59 Hiroyasu Shimizu (JPN)
10.2.1998 Nagano

1.	Casey FitzRandolph **34,42 (1) / 34,81 (6)	USA	1:09,23
2.	Hiroyasu Shimizu 34,61 (2) / 34,65 (2)	JPN	1:09,26
3.	Kip Carpenter 34,68 (3) / 34,79 (5)	USA	1:09,47
4.	Gerard van Velde 34,72 (4) / 34,77 (4)	NED	1:09,49
5.	Kyu-Hyuk Lee 34,74 (5) / 34,85 (10)	KOR	1:09,59
6.	Joey Cheek 34,78 (7) / 34,82 (8)	USA	1:09,60
7.	Mike Ireland 34,77 (6) / 34,83 (9)	CAN	1:09,60
8.	Toyoki Takeda 35,00 (8) / 34,81 (6)	JPN	1:09,81
9.	Jan Bos 35,14 (12) / 34,72 (3)	NED	1:09,86
10.	Erben Wennemars 35,00 (8) / 34,89 (11)	NED	1:09,89
19.	Michael Künzel 35,47 (18) / 35,37 (25)	GER	1:10,84
26.	Christian Breuer 36,50 (31) / 35,57 (27)	GER	1:12,07
NA	Jan Friesinger 36,80 (32) / –	GER	

Reihenfolge: Gesamtzeit
1. Lauf / Platzierung, 2. Lauf / Platzierung

Eisschnelllauf, 1000 m, Herren

16.2.2002, Utah Olympic Oval

WR 1:07,72 Jeremy Wotherspoon (USA)
1.12.2001 Salt Lake City

OR 1:10,64 Ids Postma (NED)
15.2.1998 Nagano

1.	Gerard van Velde	NED	15	*1:07,18
2.	Jan Bos	NED	19	1:07,53
3.	Joey Cheek	USA	20	1:07,61
4.	Kip Carpenter	USA	17	1:07,89
5.	Erben Wennemars	NED	22	1:07,95
6.	Nick Pearson	USA	18	1:07,97
7.	Casey FitzRandolph	USA	19	1:08,15
8.	Kyu-Hyuk Lee	KOR	16	1:08,37
9.	Sergej Klewschenja	RUS	15	1:08,41
10.	Janne Hanninen	FIN	16	1:08,45
24.	Michael Künzel	GER	17	1:09,64
30.	Christian Breuer	GER	5	1:10,38
34.	Jan Friesinger	GER	2	1:10,71

Eisschnelllauf, 1500 m, Herren

19.2.2002, Utah Olympic Oval

WR 1:45,20 Kyu-Hyuk Lee (KOR)
15.3.2001 Calgary

OR 1:47,87 Adne Söndral (NOR)
12.2.1998 Nagano

1.	Derek Parra	USA	21	*1:43,95
2.	Jochem Uytdehaage	NED	9	1:44,57
3.	Adne Söndral	NOR	23	1:45,26
4.	Joey Cheek	USA	23	1:45,34
5.	Ids Postma	NED	16	1:45,41
6.	Nick Pearson	USA	5	1:45,51
7.	Jan Bos	NED	15	1:45,63
8.	Kyu-Hyuk Lee	KOR	18	1:45,82
9.	Rintje Ritsma	NED	14	1:45,86
10.	Jewgeni Lalenkow	RUS	14	1:45,97
41.	Jan Friesinger	GER	17	1:50,26
43.	Frank Dittrich	GER	8	1:51,02
A-	Christian Breuer	GER	13	

Reihenfolge: Startpaar, Zeit

Jan Friesinger konnte im Gegensatz zu seiner Schwester Anni keine guten Platzierungen – geschweige denn eine Medaille – mit nach Hause bringen.

über die 500 Meter der Amerikaner Casey FitzRandolph in 1:09,23 Minuten vor dem japanischen »Titelverteidiger« Hiroyasu Shimizu. Tragische Figur war in diesem Rennen der favorisierte kanadische Weltmeister Jeremy Wotherspoon, dessen Goldträume bereits nach wenigen Metern durch einen Sturz beendet wurden.

Das Abschneiden der deutschen Männer blieb trotz Bodens überraschender Bronzemedaille insgesamt dennoch mehr als bescheiden, die Sprinter und Mittelstreckler Michael Künzel, Jan Friesinger und Christian Breuer erlebten sogar ein Debakel. »Funktionäre, Trainer und Athleten müssen an einen Tisch, um einen Weg aus der Misere zu finden«, forderte Chef-Bundestrainer Helmut Kraus ohne Umschweife.

STATISTIK

Eisschnelllauf, 5000 m, Herren

9.2.2002, Utah Olympic Oval

WR 6:18,72 Gianni Romme (NED) 30.1.2000 Calgary
OR 6:22,20 Gianni Romme (NED) 8.2.1998 Nagano

1.	Jochem Uytdehaage	NED	15	*6:14,66
2.	Derek Parra	USA	12	6:17,98
3.	Jens Boden	GER	5	6:21,73
4.	Dmitri Schepel	RUS	9	6:21,85
5.	KC Boutiette	USA	2	6:22,97
6.	Carl Verheijen	NED	13	6:24,71
7.	Roberto Sighel	ITA	9	6:25,11
8.	Bart Veldkamp	BEL	5	6:25,88
9.	Frank Dittrich	GER	11	6:25,89
10.	Lasse Saetre	NOR	10	6:25,92
32.	Rene Taubenrauch	GER	7	7:19,76

Reihenfolge: Startpaar, Zeit

Eisschnelllauf, 10 000 m, Herren

22.2.2002, Utah Olympic Oval

WR 13:03,40 Gianni Romme (NED) 26.11.2000 Heerenveen
OR 13:15,33 Gianni Romme (NED) 17.2.1998 Nagano

1.	Jochem Uytdehaage	NED	4	*12:58,92
2.	Gianni Romme	NED	2	13:10,03
3.	Lasse Saetre	NOR	8	13:16,92
4.	Keiji Shirahata	JPN	5	13:20,40
5.	Jens Boden	GER	7	13:23,43
6.	Dimitri Schepel	RUS	1	13:23,83
7.	Roberto Sighel	ITA	1	13:26,19
8.	Kjell Storelid	NOR	7	13:27,24
9.	Bart Veldkamp	BEL	3	13:27,48
10.	Frank Dittrich	GER	8	13:28,73

Reihenfolge: Startpaar, Zeit

Bronze über die 5000 m und ein ebenso beachtlicher fünfter Rang im »Eis-Marathon« – der Dresdener Jens Boden war bei den ansonsten erfolglosen deutschen Männern die Überraschung der Spiele.

Minimaler Aufwand – Maximaler Erfolg

Der Crash ist vorprogrammiert: Die Teilnehmer des 1000-m-Finales in der Schlusskurve kurz vor dem Massensturz, der Steven Bradbury den Sieg und das erste Gold für Australien bei Winterspielen brachte.

STATISTIK

Shorttrack, 500 m, Damen

16.2.2002, Salt Lake City Ice Center

WR 43,671 Jewgenia Radanowa (BUL) 19.10.2001 Calgary
OR 44,991 Isabelle Charest (CAN) 19.2.1998 Nagano

1.	Yang (A) Yang	CHN	**44,187
2.	Jewgenia Radanowa	BUL	44,252
3.	Chunlu Wang	CHN	44,272
4.	Isabelle Charest	CAN	44,662
5.	Caroline Hallisey	USA	44,679
6.	Alanna Kraus	CAN	44,930
7.	Eun-Kyung Choi	KOR	45,383
8.	Mara Zini	ITA	45,494
9.	Min-Jin Joo	KOR	46,893
14.	Yvonne Kunze	GER	
17.	Susanne Rudolph	GER	

Shorttrack, 1000 m, Damen

23.2.2002, Salt Lake Ice Center

WR 1:31,191 Yang (A) Yang (CHN) 3.2.2002 Calgary
OR 1:31,991 Yang (A) Yang (CHN) 21.2.1998 Nagano

1.	Yang (A) Yang	CHN	1:36,391
2.	Gi-Hyun Ko	KOR	1:36,427
3.	Yang (S) Yang	CHN	1:37,008
4.	Marie-Eve Drolet	CAN	1:37,563
14.	Yvonne Kunze	GER	1:35,830
16.	Christin Priebst	GER	1:36,848

Shorttrack, 1500 m, Damen

13.2.2002, Salt Lake City Ice Center

WR 2:21,844 Moon-Yung Kim (KOR) 17.1.1999 Montreal

1.	Gi-Hyun Ko	KOR	2:31,581
2.	Eun-Kyung Choi	KOR	2:31,610
3.	Jewgenia Radanowa	BUL	2:31,723
4.	Yang (A) Yang	CHN	2:31,791
5.	Alanna Kraus	CAN	3:05,002
DQ	Yang (S) Yang	CHN	
9.	Christin Priebst	GER	
22.	Ivonne Kunze	GER	

Weltrekord im Halbfinale:
Eun-Kyung Choi KOR 2:21,069

Shorttrack, 3000-m-Staffel, Damen

20.2.2002, Salt Lake Ice Center

WR 4:13,541 China (CHN) 22.10.2001 Calgary
OR 4:16,260 Südkorea (KOR) 17.2.1998 Nagano

1.	Südkorea	KOR	*4:12,793
2.	China	CHN	4:13,236
3.	Kanada	CAN	4:15,738
4.	Japan	JPN	4:21,107
8.	Deutschland	GER	4:22,222

Shorttrack, 500 m, Herren

23.2.2002, Salt Lake Ice Center

WR 41,514 Jeffrey Scholten (CAN) 13.10.2001 Calgary
OR 42,756 Takafumi Nishitani (JPN) 21.2.1998 Nagano

1.	Marc Gagnon	CAN	41,802
2.	Jonathan Guilmette	CAN	41,994
3.	Rusty Smith	USA	42,027
4.	Kai Feng	CHN	42,112
5.	Satoru Terao	JPN	42,219
12.	Arian Nachbar	GER	43,626

Shorttrack, 1000 m, Herren

16.2.2002, Salt Lake City Ice Center

WR 1:25,985 Steve Robillard (CAN) 14.10.2001 Calgary
OR 1:29,398 Satoru Terao (JPN) 17.2.1998 Nagano

1.	Steven Bradbury	AUS	**1:29,109
2.	Apolo Anton Ohno	USA	1:30,160
3.	Mathieu Turcotte	CAN	1:30,563
4.	Hyun-Soo Ahn	KOR	1:32,519
5.	Dong-Sung Kim	KOR	1:35,582
6.	Fabio Carta	ITA	1:35,589
7.	Naoya Tamura	JPN	1:35,823
8.	Jiajun Li	CHN	DQ
23.	Arian Nachbar	GER	

Shorttrack, 1500 m, Herren

20.2.2002, Salt Lake Ice Center

WR 2:13,728 Apolo Anton Ohno (USA) 15.12.2001 Salt Lake City

1.	Apolo Anton Ohno	USA	2:18,541
2.	Jiajun Li	CHN	2:18,731
3.	Marc Gagnon	CAN	2:18,806
4.	Fabio Carta	ITA	2:18,947
5.	Bruno Loscos	FRA	2:19,587
DQ	Dong-Sung Kim	KOR	
15.	Andre Hartwig	GER	

Shorttrack, 5000-m-Staffel, Herren

23.2.2002, Salt Lake Ice Center

WR 6:43,730 Kanada (CAN) 14.10.2001 Calgary
OR 7:01,660 Japan (JPN) 21.2.1998 Nagano

1.	Kanada	CAN	6:51,579
2.	Italien	ITA	6:56,327
3.	China	CHN	6:59,633
4.	USA	USA	7:03,926

Sie flogen durch die Luft, krochen auf allen Vieren über das Eis, und einer kam am Ende im Rollstuhl zur Siegerehrung: Das alles und noch viel mehr bot die Shorttrack-Show im Finale über die 1000 m. Da passte es ins Bild, dass der australische Außenseiter Steven Bradbury auf dem 111 m langen Oval die erste Goldmedaille für Australien überhaupt bei Winterspielen holte. Der Mann kommt aus Brisbane, wo seine Angehörigen zu gleicher Zeit unter 35 Grad Celsius im Schatten litten.

Und das kam so: Der amerikanische Favorit Apolo Anton Ohno, den sie »Rakete« nennen, erlebte eine böse Bauchlandung. Zum Entsetzen der 15 424 Zuschauer war der Star in einen spektakulären Massensturz in der letzten Kurve verwickelt. Mit Ohno schossen sich sämtliche Sieganwärter gegenseitig erst von der Bahn und dann in die Bande.

Nur der 28-jährige Bradbury blieb in diesem Tohuwabohu standhaft. Kein Wunder – schließlich lief er keinerlei Gefahr, in den Kampf um Medaillen verwickelt zu werden, weil er mehr als zehn Meter hinter den Spitzenleuten gelegen hatte. Er trudelte mangels Gegnern sichtlich verdutzt als Erster über die Ziellinie – ganz langsam und völlig fassungslos. Genauso fassungslos war er über seine Zeit von 1:29:190 Minuten, die als Olympischer Rekord in die Annalen eingehen wird.

Im Ziel boten seine Konkurrenten ein skurriles Bild. Halb gehend, halb kriechend, schleppten sie sich ins Ziel, um noch eine Medaille zu ergattern. Ohno und der Kanadier Mathieu Turcotte »robbten« am schnellsten und erhielten dafür noch Silber und Bronze.

Ohno, der in Salt Lake City viermal Gold (»Mission Apolo«) gewinnen wollte, durfte zumindest weiter von einem Olympiasieg träumen. Bei dem 19-Jährigen wurde zwar nach der Massenkarambolage eine Wunde am Oberschenkel mit sechs Stichen genäht, danach wurde er im Rollstuhl zur Siegerehrung geschoben, aber schon 24 Stunden später konnte er sich bereits zum Training zurückmelden.

Der 19-Jährige, der mit dem Anspruch auf viermal Gold angetreten war, konnte in der Endabrechnung froh sein, einen einzigen auch noch umstrittenen Olympiasieg und eine Silbermedaille aus dem Chaosrennen mit nach Hause nehmen zu können.

»Heute hat nicht der Stärkste gewonnen«, lautete die nahe liegende Selbsterkenntnis des blondierten und gepiercten Bradbury, der bei zwei vorausgegangenen Winterspielen zwar 1994 in der Staffel Bronze gewonnen hatte, aber in Einzelrennen nie über Platz 19 hinausgekommen war. Immerhin war »die Taktik der Zurückhaltung« voll aufgegangen. Denn schon zuvor hatten sich die Konkurrenten durch Stürze selbst eliminiert (zwei im Viertelfinale, ebenso viele im Halbfinale, in dem es zusätzlich auch noch eine Disqualifikation gab).

Der »Schleicher« ist schon jetzt ein Star in seiner Heimat. Das Postministerium kündigte spontan die Herausgabe einer Sondermarke an, sein Werbewert wird auf jährlich 100 000 Dollar geschätzt. Und eine Eintragung in das australische Lexikon der Idiome ist ebenfalls vorgesehen. »Doing a Bradbury« soll dann wohl heißen: Maximaler Erfolg mit minimalem Aufwand.

Yvonne Kunze (oben) aus der Karl May-Stadt Radebeul bei Dresden kam als Außenseiterin nicht über die Vorläufe über 1000 m und 1500 m hinaus. Auch die japanischen Eisflitzer konnten nicht in den Vierkampf zwischen China, Südkorea, Kanada und den USA eingreifen. Noaya Tamura erwischte es im B-Finale der Männer über 1000 m.

0 KM
Sprint
SALT LAKE 2
1
81

Nordische Wettbewerbe

»Die Mannschaft macht's!« Deutschlands Sportler, Trainer und Offizielle waren sich nach dem Medaillen-Regen in den nordischen Disziplinen einig. Vor allem mit den Erfolgen im Langlauf hatte kaum jemand gerechnet. Alle haben an einem Strang gezogen, haben sich ausgetauscht, Disziplin übergreifend im Team gearbeitet, um jedem das beste Material mit an den Start zu geben. Fünfmal Gold, zehnmal Silber und zweimal Bronze – noch nie gewannen deutsche Langläufer, Biathleten, Nordisch-Kombinierer und Springer bei Olympischen Spielen so viel Edelmetall wie in Soldier Hollow und im Utah Olympic Park. Dass alle Staffeln bzw. Mannschaften auf dem Siegerpodest jubeln konnten, war das Tüpfelchen auf dem »i«. Wie sagte doch Sven Hannawald nach dem Gewinn von Mannschafts-Gold der Springer: »Ich habe Silber durch den Sturz auf der Großschanze hergegeben, damit wir mit der Mannschaft Gold gewinnen.«

»Viele sagen, ihr Sport sei Arbeit. Für mich ist Skilaufen ein Hobby, das ich liebe« – mit dieser Einstellung gewann Ole Einar Björndalen aus Norwegen den »Grand Slam« des olympischen Biathlons: Gold in allen vier Wettbewerben.

Gruppenbild mit Trainern: Jubel bei den Aktiven Martin Schmitt, Sven Hannawald, Michael Uhrmann und Stephan Hocke sowie riesige Erleichterung beim Trainer-Trio Reinhard Heß, Henry Glaß und Wolfgang Steiert nach der knappen Entscheidung im Team-Wettbewerb.

ROSSIGNOL
adidas
K120 TEAM
SALT LAKE 2002
SXC JUMP
S.Hocke
GERMINA
silvretta

Die »Kurze« war die Größte

Sie hat einen Pechvogel als Glücksbringer und hört auf den Spitznamen »Kurze« – doch nach dem sensationellen Olympiasieg über die 15 km, und erst recht nach dem zweiten Gold in der Staffel war Andrea Henkel die »Größte«. Im heimischen Großbreitenbach in Thüringen kam der Sieg der 24-Jährigen so überraschend, dass Mutter Elke und Vater Mathias daheim nicht mal den Sekt kaltstellen konnten und ihn lauwarm an die zahlreichen Gratulanten ausschenkten.

Die nur 1,58 m große und 49 kg leichte Andrea Henkel war die erste deutsche Biathletin seit 1992, die den ganz großen Wurf schaffte. 1997 wurde sie dreifache Junioren-Weltmeisterin und demonstrierte damals schon ihre überdurchschnittlichen Fähigkeiten am Schießstand. »Andrea ist ein sehr zurückhaltender Typ, aber am Abzug ist sie blitzschnell. Andere sind ängstlich beim Schießen, Andrea dagegen ist risikofreudig. Das macht den Erfolg aus«, analysierte Bundestrainer Uwe Müssiggang.

Andrea Henkel sieht sich als Familienmensch, auch wenn sie selbst noch keine Familie gegründet hat. Beim Thema Freund kommt die Antwort: »Da gibt es keinen.« Stattdessen ist ihre drei Jahre ältere Schwester Manuela neben den Eltern der Rückhalt. Manuela, in Soldier Hollow in den Sprintrennen der Langläuferinnen selbst aktiv, war es auch, die der Schwester vor drei Jahren jenen schwarzen Stoffraben schenkte, der diesmal das große Glück brachte.

Bestes Olympia-Ergebnis aller Zeiten

Deutschlands Biathletinnen haben in Soldier Hollow endgültig Olympia-Geschichte geschrieben. Mit dem dritten Gold im vierten Wettbewerb setzte die 4x7,5-km-Staffel einen grandiosen Schlusspunkt. Katrin Apel, Uschi Disl, Andrea Henkel und Kati Wilhelm lagen im Ziel klar vor Norwegen und Russland und verschafften den deutschen Ski-Jägerinnen mit insgesamt fünf Medaillen das beste Olympia-Ergebnis aller Zeiten.

Zuvor waren bereits Andrea Henkel über die 15 km und Kati Wilhelm im Sprint über 7,5 km Olympiasiegerinnen geworden, hatten »Turbo Uschi« auf der Kurzstrecke und »Rotkäppchen Kati« im Jagdrennen Silber geholt.

»Mein großer Traum hat sich erfüllt. Der schlechte Anfang war ein gutes Zeichen. 1998 bin ich angelaufen, habe einen Ski-Stock zerbrochen und als Vierzehnte übergeben. Trotzdem haben wir noch gewonnen«, meinte die 31-jährige Uschi Disl, die zwar erneut das ersehnte Einzelgold verpasste, mit acht Medaillen (zweimal Gold, viermal Silber, zweimal Bronze) jedoch zur erfolgreichsten Biathletin aller Zeiten bei Olympischen Spielen aufstieg. Bereits in Nagano zählte sie wie Katrin Apel zum Gold-Quartett.

»Wir haben bewiesen, dass wir eine Mannschaft sind. Es lag nicht an einer Einzelnen«, lobte Bundestrainer Uwe Müssiggang. Katrin Apel schien die Devise »volle Pulle« gleich umsetzen zu wollen. Doch wie in den Einzelkonkurrenzen bekam die 28 Jahre alte gebürtige Erfurterin beim Stehendschießen »die Nähmaschine«, musste dreimal nachladen und in die einzige Strafrunde. »Ein klassischer Fehlstart«, war Müssiggang wenig begeistert.

Als Sechste und

mit einem Rückstand von 43,2 Sekunden auf die von Verfolgungs-Olympiasiegerin Olga Pilewa angeführten Russinnen übergab die Sportsoldatin an Uschi Disl. Die bereits 1998 mit Staffel-Gold dekorierte Mooshamerin warf auf der zweiten Schleife ihre ganze Erfahrung in die Waagschale. In aller Seelenruhe räumte sie die fünf Scheiben im Liegen ab und übernahm die Führung. Selbst eine »Fahrkarte« im Stehendschießen brachte die 31-Jährige nicht aus der Ruhe. Anschließend ließen sich Andrea Henkel und Kati Wilhelm den Vorsprung nicht mehr aus der Hand nehmen, obwohl Wilhelm beim letzten Stehendschießen zweimal nachladen musste. »Jetzt kann sie sich eigentlich beim Zieleinlauf eine Fahne leisten«, sagte NOK-Präsident Walther Tröger, doch darauf verzichtete das »Rotkäppchen« aus Thüringen. Der Rest war eine einzige Jubel-Arie, die nicht eingesetzten Martina Glagow und Nagano-Olympiasiegerin Martina Zellner, das gesamte Betreuer- und Service-Team eingeschlossen. Nach der Siegerehrung, diversen Medienauftritten und Empfängen konnten – so Uwe Müssiggang – »die Mädels endlich ihren Spaß haben. Wir haben den Hebel auf Feiern umgelegt«.

Biathletin Kati Wilhelm, mit zwei Gold- und einer Silbermedaille die erfolgreichste deutsche Teilnehmerin der Spiele von Salt Lake City, in Aktion – beim Liegendschießen (großes Bild), jubelnd nach dem Sieg der Staffel (oben links) und kämpfend in der Loipe. Im Jagdrennen mußte sie sich der Russin Olga Pilewa (oben rechts) geschlagen geben.

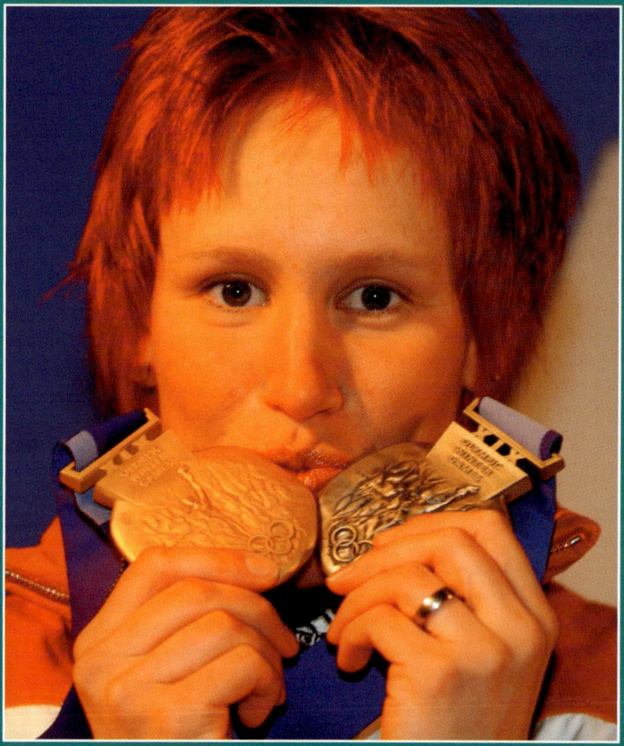

Rotkäppchen im Glück

Das Märchen vom Rotkäppchen aus dem Thüringer Wald endete in Soldier Hollow mit einem glücklichen Ende. Drei Jahre nach Beginn ihrer Umschulung von einer karrieremüden Langläuferin zur Biathletin hat sich Weltmeisterin Kati Wilhelm im 10-km-Sprint und in der Staffel ihren großen Traum vom Olympiasieg erfüllt und als Zugabe noch Silber im Jagdrennen mitgenommen. Damit wurde sie erfolgreichste Biathlethin der Spiele.

Dass die 25-Jährige mit den knallroten Haaren überhaupt beim Biathlon landete, ist fast ein Zufall. Einst als Riesentalent im Skilanglauf mit vielen Vorschusslorbeeren bedacht, schaffte die Sportsoldatin nicht den erhofften Durchbruch. Platz 16 bei den Olympischen Spielen in Nagano im 30-km-Freistilrennen »war nicht so schlecht, aber ich fand Olympia damals auch nicht so toll. Alles ist irgendwie an mir vorbeigelaufen«.

Die junge Frau aus Steinbach-Hallenberg, die am Fuße des Thüringer Rennsteigs wohnt und für den dortigen SC Motor Zella-Mehlis startet, konnte sich nicht mehr motivieren. Sie wollte schon alles hinschmeißen und einen »ordentlichen« Beruf erlernen, als im Frühjahr 1999 die Anfrage aus dem Biathlon-Lager kam: »Ich dachte mir, geh mal hin, dabei ist es dann geblieben. Es war die wichtigste Entscheidung in meinem Leben.«

Ihre Zukunft nach dem Sport hat Kati Wilhelm genau so klar im Visier wie die Biathlon-Scheiben im Wettkampf. Nach ihrem Abitur am Oberhofer Sportgymnasium begann sie ein Fernstudium der Elektrotechnik. Der Computer mit Lernstoff ist ihr ständiger Begleiter, der Stofflöwe als Helfer gegen das Heimweh wurde mittlerweile durch Bilder von ihrem Freund ersetzt. Und das Handy für kleine Liebesgrüße zwischendurch hatte Kati Wilhelm auch in Soldier Hollow

STATISTIK

Biathlon, 7,5 km Sprint, Damen

13.2.2002, Soldier Hollow

1.	Kati Wilhelm	GER	18	20:41,4/0
2.	Uschi Disl	GER	37	20:57,0/1
3.	Magdalena Forsberg	SWE	58	21:20,4/1
4.	Liv Grete Poiree	NOR	54	21:24,1/1
5.	Florence Baverel-Robert	FRA	25	21:27,9/0
6.	Galina Kuklewa	RUS	47	21:32,1/0
7.	Sandrine Bailly	FRA	51	21:35,7/1
8.	Olga Pilewa	RUS	27	21:44,2/1
9.	Corinne Niogret	FRA	42	21:50,3/0
10.	Andreja Grasic	SLO	26	21:55,6/1
12.	Katrin Apel	GER	6	22:01,7/3
25.	Andrea Henkel	GER	14	22:41,1/2

Reihenfolge: Startnummer, Zeit/Fehlschüsse

Biathlon, 15 km, Damen

11.2.2002, Soldier Hollow

1.	Andrea Henkel	GER	26	47:29,1/1
2.	Liv-Grete Poiree	NOR	56	47:37,0/1
3.	Magdalena Forsberg	SWE	65	48:08,3/3
4.	Olga Pilewa	RUS	43	48:14,0/2
5.	Jekaterina Dafowska	BUL	48	48:15,5/1
6.	Olga Nasarowa	BLR	44	48:29,9/1
7.	Martina Glagow	GER	41	48:34,2/1
8.	Swetlana Ischmuratowa	RUS	29	48:45,0/2
9.	Martina Jasicova	SVK	5	48:47,5/2
10.	Albina Achatowa	RUS	47	49:06,1/2
12.	Uschi Disl	GER	39	49:43,4/4
18.	Katrin Apel	GER	30	50:16,7/5

Reihenfolge: Startnummer, Zeit/Fehlschüsse

Die 31 Jahre alte Polizeihauptmeisterin Uschi »Turbo« Disl verpasste zwar auch in Soldier Hollow eine Goldmedaille in einem Einzel-Wettbewerb, legte aber in der Staffel wieder einmal den Grundstein zum Sieg. Sie ist mit nunmehr zweimal Gold, viermal Silber und zweimal Bronze die erfolgreichste Biathletin aller Zeiten bei Olympia.

STATISTIK

Biathlon, 10 km Jagdrennen, Damen

16.2.2002, Soldier Hollow

1.	Olga Pilewa	RUS	8	31:07,7/1
2.	Kati Wilhelm	GER	1	31:13,0/4
3.	Irina Nikultschina	BUL	11	31:15,8/2
4.	Liv Grete Poiree	NOR	4	31:18,3/4
5.	Galina Kuklewa	RUS	6	31:31,7/3
6.	Magdalena Forsberg	SWE	3	31:34,0/3
7.	Katrin Apel	GER	12	31:47,9/3
8.	Andreja Grasic	SLO	10	32:01,9/1
9.	Uschi Disl	GER	2	32:21,2/7
10.	Jekaterina Dafowska	BUL	15	32:22,6/2
13.	Andrea Henkel	GER	25	32:35,4/1

Reihenfolge: Startnummer, Zeit/Fehlschüsse

Biathlon, 4 x 7,5 km, Damen

18.2.2002, Soldier Hollow

1. Deutschland GER 1:27:55,0/1+7
   Katrin Apel 22:15,6/1+3 (6)
   Uschi Disl 21:19,2/0+2 (1)
   Andrea Henkel 22:13,8/0+0(2)
   Kati Wilhelm 22:06,4/0+2 (3)
2. Norwegen NOR 1:28:25,6/0+9
   Ann Elen Skjelbreid 22:01,0/0+3 (3)
   Linda Tjoerhom 22:07,7/0+1 (5)
   Gunn Margit Andreassen 22:18,5/0+2 (3)
   Liv Grete Poiree 21:58,4/0+3 (1)
3. Russland RUS 1:29:19,7/2+13
   Olga Pilewa 21:32,4/0+2 (1)
   Galina Kuklewa 23:05,8/2+6 (10)
   Swetlana Ischmuratowa 22:00,1/0+2 (1)
   Albina Achatowa 22:41,4/0+3 (6)
4. Bulgarien BUL 1:29:25,8/0+13
   Pawlina Filipowa 22:11,9/0+4 (5)
   Irina Nikultschina 21:44,1/0+3 (3)
   Iwa Karagiosowa 23:29,2/0+3 (10)
   Jekaterina Dafowska 22:00,6/0+3 (2)
5. Slowakei SVK 1:30:11,5/1+8
   Martina Jasicova 22:24,9/0+0 (8)
   Anna Murinova 21:57,7/0+1 (4)
   Marcela Pavkovcekova 23:39,2/1+5 (12)
   Sona Mihokova 22:09,7/0+2 (4)
6. Slowenien SLO 1:30:18,0/0+13
   Lucija Larisi 22:22,4/0+3 (7)
   Andreja Grasic 21:38,6/0+3 (2)
   Dijana Grudicek 22:40,8/0+2 (6)
   Tadeja Brankovic 23:36,2/0+5 (9)
7. Weißrussland BLR 1:31:01,6/0+7
8. Tschechische Republik CZE 1:31:07,6/0+8
9. Frankreich FRA 1:31:09,3/0+11
10. Ukraine UKR 1:32:00,6/1+5

Reihenfolge: Gesamtzeit/Strafrunden+Fehlschüsse
Einzelzeit/Strafrunden+Fehlschüsse (Platzierung)

»König« Björndalen

Im malerischen Hochtal von Soldier Hollow ist er umgeben von Bergriesen, Elchen und Büffeln zum »König« der Spiele von Salt Lake City geworden. Ole Einar Björndalen nahm gleich alle vier Goldmedaillen, die im Biathlon zu gewinnen waren, mit in seine Wahl-Heimat nach Toblach (Südtirol). Bereits vor vier Jahren in Nagano hatte er Gold im Sprint und Silber mit der Staffel gewonnen.

»Ich habe hier perfekte Wettkämpfe abgeliefert, solche Tage erlebt man ganz selten und ich hatte drei davon«, sagt der 28 Jahre alte Ausnahme-Athlet bescheiden. »Auf dieser Höhe fühle ich mich unheimlich wohl. Ich trainiere den Großteil des Jahres auf diesem Niveau. Ich wohne auf 1200 und trainiere auf 1500 bis 2000 Metern«, erzählt der Fan von Formel-1-Weltmeister Michael Schumacher.

Im Elternhaus seiner Verlobten, der italienischen Biathletin Natalie Santer, findet Björndalen die ideale Ruhe für sein intensives Trainingsprogramm. Noch nicht einmal das monotone Grundlagentraining im Sommer empfindet er als Belastung: »Viele sagen, ihr Sport sei Arbeit. Für mich ist Skilaufen ein Hobby, das ich liebe.« Wenn kein Schnee liegt, steigt der Sport-Freak auf die Rollerski oder das Mountainbike um.

Die einzigen Qualen schienen für Björndalen in der Vergangenheit allenfalls die Zwischenstopps am Schießstand zu sein. »Das ist ein ewiges Auf und Ab. Ein ganz sicherer Schütze werde ich wohl nicht mehr werden«, sagt der Material-Fetischist, der regelmäßig mit bis zu 25 Paar Ski zu Wettkämpfen reist. Stattdessen ist er im Laufen so stark geworden, dass er – wie auch bei seinem sechsten Platz über die 30 km in Salt Lake City – regelmäßig im Revier der Spezialisten wildert.

STATISTIK

Biathlon, 10 km Sprint, Herren

13.2.2002, Soldier Hollow

1.	Ole Einar Björndalen	NOR	81	24:51,3/0
2.	Sven Fischer	GER	10	25:20,2/1
3.	Wolfgang Perner	AUT	63	25:44,4/0
4.	Ricco Groß	GER	6	25:44,6/1
5.	Wolfgang Rottmann	AUT	23	25:48,8/2
6.	Pawel Rostowtsew	RUS	39	25:50,1/1
7.	Viktor Maigurow	RUS	24	25:50,9/0
8.	Frode Andresen	NOR	62	25:51,5/2
9.	Raphael Poiree	FRA	35	25:56,9/2
10.	Ludwig Gredler	AUT	2	26:04,3/2
15.	Michael Greis	GER	51	26:18,4/2
29.	Frank Luck	GER	37	26:47,7/2
55.	Roland Zwahlen	SUI	45	27:43,7/1
64.	Jean-Marc Chabloz	SUI	64	28:08,6/1
67.	Matthias Simmen	SUI	9	28:22,8/3
A-	Christoph Sumann	AUT	57	

Reihenfolge: Startnummer, Zeit/Fehlschüsse

Biathlon, 20 km, Herren

11.2.2002, Soldier Hollow

1.	Ole Einar Björndalen	NOR	26	51:03,3/2
2.	Frank Luck	GER	77	51:39,4/0
3.	Viktor Maigurow	RUS	28	51:40,6/1
4.	Ricco Groß	GER	53	51:58,7/2
5.	Halvard Hanevold	NOR	78	52:16,3/0
6.	Pawel Rostowtsew	RUS	39	52:33,5/1
7.	Frode Andresen	NOR	87	52:39,1/3
8.	Sergej Tschepikow	RUS	11	52:44,2/1
9.	Wadim Saschurin	BLR	50	52:52,6/0
10.	Raphael Poiree	FRA	31	52:52,9/2
11.	Ludwig Gredler	AUT	12	53:19,3/2
22.	Christoph Sumann	AUT	36	55:00,3/3
29.	Sven Fischer	GER	60	55:23,2/4
32.	Wolfgang Perner	AUT	64	56:00,4/5
34.	Alexander Wolf	GER	30	56:16,6/5
58.	Roland Zwahlen	SUI	33	58:10,6/4
61.	Jean Marc Chabloz	SUI	72	58:59,4/3
64.	Daniel Mesotitsch	AUT	44	59:15,9/6
78.	Matthias Simmen	SUI	18	1:02:03,0/6

Reihenfolge: Startnummer, Zeit/Fehlschüsse

Sven Fischer stürmte im Biathlon-Sprint über 10 km auf den zweiten Platz – nur geschlagen von Ole Einar Björndalen. Der Norweger gewann alle vier Gold-Medaillen und wurde zum »Biathlon-König« der Spiele. Nach dem Sieg in der Staffel trugen ihn seine drei Mitstreiter triumphierend auf ihren Schultern (unten rechts).

Standes-gemäß

Thomas Bach riss jubelnd die Arme nach oben, und Frank Ullrich hatte Tränen in den Augen. Es gab kein Halten mehr, nachdem die Herren-Staffel die deutsche Biathlon-Erfolgsstory von Soldier Hollow standesgemäß mit Silber beendet hatte. »Die Biathleten haben alles richtig gemacht, sie sind das Herzstück der deutschen Olympiamannschaft«, lobte IOC-Vizepräsident Bach und umarmte den deutschen Herren-Cheftrainer Ullrich: »Es ist schön, eine so sympathische Mannschaft zu sehen. Da spielt sich keiner auf, das ist ein Beispiel für andere Sportarten.«

Den deutschen Herren blieb damit zwar Gold versagt, aber dank der überragenden Damen holte das »Team Germany« neun Medaillen (dreimal Gold, fünfmal Silber und einmal Bronze) – so viele wie noch keine andere Biathlon-Mannschaft in der olympischen Geschichte. Die Herren steuerten zu dieser Ausbeute drei zweite Plätze (Staffel, Frank Luck über 20 km und Sven Fischer über 10 km) sowie einen dritten Rang von Ricco Groß bei.

Ullrich: »Man sollte den Jungs den fehlenden Olympiasieg nicht verübeln. Was sie geleistet haben, ist zusammengenommen auch Gold wert.« Staffel-Startläufer Ricco Groß sah das zunächst anders: »Knallhart gesagt sind wir bei der Jagd nach Gold an uns selbst gescheitert. In jedem Rennen hatten wir die Chance, aber wir haben es den anderen mit unseren Fehlern leicht gemacht.«

Groß verpasste seine vierte olympische Staffel-Goldmedaille in Folge, ist aber dennoch mit nunmehr sieben Medaillen (davon dreimal Gold) der beste deutsche Olympia-Biathlet aller Zeiten. Dafür krönte sich der Norweger Ole Einar Björndalen mit Siegen in allen vier olympischen Rennen zum »König der

Biathlon ist griechischen Ursprungs, bedeutet »Doppel-Wettkampf« und war bei der Winter-Olympia-Premiere 1924 unter dem Namen »Militärpatrouille« lediglich Demonstrations-Sportart. Der »Shooting Star« unter den olympischen Wintersportarten verdankt die gestiegene Aufmerksamkeit vor allem der Anpassung des Weltverbandes an das Medien-Zeitalter und damit der Einführung von telegenen Wettbewerben wie Jagd- oder Massenstart-Rennen, wobei letzteres erst 2006 olympisch wird. Die Faszination liegt in der Kombination der beiden extrem konträren Sportarten Skilanglauf und Schießen. Während der Puls in der Loipe häufig bis zu 180 Schläge pro Minute erreicht, erfordert die Konzentration am Schießstand ein Herunterschalten auf weniger als die Hälfte dieses Wertes.

Lucky Luck

Eigentlich wollte er schon seit vier Jahren keine Staffel mehr »nach Hause laufen« und die Flinte ins Korn werfen. Aber trotzdem wurde Frank Luck immer wieder auf der letzten Position eingesetzt. »Die Schlussrunde beim Olympiasieg in Nagano hat mich nervlich total gestresst«, erinnert sich der Oberhofer: »Damals hatte ich eigentlich beschlossen, dass das künftig mal schön ein anderer machen soll.«

Aber es kam anders: In Soldier Hollow lief Luck erneut als Schlussmann und rettete dem deutschen Quartett in unnachahmlicher Art die Silbermedaille. »Wenn einer die Kartoffeln aus dem Feuer holen kann, dann Lucki«. Auch diesmal setzte Trainer Frank Ullrich auf seine große Erfahrung. Superschütze Luck kaufte nicht nur am Schießstand dem russischen Weltcup-Spitzenreiter Pawel Rostowtsew, sondern im Spurt kurz vor dem Ziel auch dem französischen Weltcup-Titelverteidiger Raphael Poiree den Schneid ab.

Platz zwei der Staffel hinter Norwegen bedeutete für den 34 Jahre alten Routinier die fünfte Olympiamedaille insgesamt bei seinen vierten Winterspielen und die zweite in Salt Lake City nach ebenfalls Silber über die 20 km. Dies sei sein letztes Olympiarennen gewesen, meinte der passionierte Hobbyjäger aus dem kleinen thüringischen Ort Springstille. Das hatte er vor vier Jahren in Nagano auch schon einmal behauptet und dann war er doch vom Rücktritt zurückgetreten.

Auch diesmal scheint der geplante Abschied vom Leistungssport fraglich. »Klar erhalten die Jungen ihre Chance«, meint Luck: »Aber so lange die Alten noch gewinnen, müssen sich die Jungen eben mehr anstrengen.« Die WM 2004 findet in Oberhof praktisch vor Lucks Haustür statt. Eigentlich sollte er dort im Organisationskomitee mitarbeiten. Aber vielleicht läuft er doch lieber wieder »die Staffel nach Hause«.

Spiele«. »Schuld« daran, dass die Deutschen in der Staffel den Olympiasieg nicht wiederholen konnten, waren die Schießleistungen von Groß, Sendel und Fischer, der sogar eine Strafrunde absolvieren musste. Erst Schlussläufer Frank Luck, der den Franzosen Raphael Poiree kurz vor dem Ziel geradezu stehen ließ, sicherte bei seinem Olympia-Abschied mit einer grandiosen Vorstellung den Podestplatz: »Wir haben Silber gewonnen und nicht Gold verloren.«

Das sah auch Sendel so, der sich im Deutschen Haus von Park City die Haare von einer Maskenbildnerin unter dem Jubel seiner Teamkameraden auf vier Millimeter kürzen ließ. »Ich habe gesagt, sie kommen ab, wenn ich eine Medaille gewinne. Mir gehen eh die Haare aus.«

Für Ricco Groß (großes Bild) begannen die Spiele in Soldier Hollow mit zwei vierten Plätzen eher enttäuschend, doch dann folgten zwei Medaillen: Im Jagdrennen erkämpfte er hinter Björndalen und Poiree Bronze und im Staffelrennen Silber.

Voller Stolz präsentierte Sven Fischer seine Silber-Medaille, die er im 10-km-Sprint gewann (oben links), und voller Freude zeigten auch die Staffel-Cowboys Ricco Groß, Peter Sendel, Sven Fischer und Frank Luck ihre Plaketten für Rang zwei. Grund zum Siegesjubel hatten bei allen vier Biathlon-Wettbewerben die norwegischen Wikinger-Fans.

S T A T I S T I K

Biathlon, 12,5 km Jagdrennen, Herren
16.2.2002, Soldier Hollow

1.	Ole Einar Björndalen	NOR	1	32:34,6/2
2.	Raphael Poiree	FRA	9	33:17,6/1
3.	Ricco Groß	GER	4	33:30,6/2
4.	Ludwig Gredler	AUT	10	33:35,5/2
5.	Pawel Rostowtsew	RUS	6	33:43,1/2
6.	Wolfgang Rottmann	AUT	5	33:45,1/4
7.	Viktor Maigurow	RUS	7	33:55,1/3
8.	Halvard Hanevold	NOR	13	33:59,6/2
9.	Wolfgang Perner	AUT	3	34:00,1/3
10.	Wadim Saschurin	BLR	12	34:00,5/1
11.	Frank Luck	GER	29	34:01,0/1
12.	Sven Fischer	GER	2	34:09,5/4
16.	Michael Greis	GER	15	34:19,9/3
47.	Roland Zwahlen	SUI	55	37:40,6/3

Reihenfolge: Startnummer, Zeit/Fehlschüsse

Biathlon, 4x7,5 km, Herren
20.2.2002, Soldier Hollow

1. Norwegen NOR 1:23:42,3/0+8
Halvard Hanevold 22:09,1/0+1 (2)
Frode Andresen 20:17,2/0+3 (1)
Egil Gjelland 20:45,7/0+1 (1)
Ole Einar Björndalen 20:30,3/0+3 (3)
2. Deutschland GER 1:24:27,6/1+9
Ricco Groß 22:20,2/0+3 (3)
Peter Sendel 20:47,5/0+2 (4)
Sven Fischer 21:13,9/1+4 (3)
Frank Luck 20:06,0/0+0 (1)
3. Frankreich FRA 1:24:36,6/0+6
Gilles Marguet 22:25,1/0+1 (5)
Vincent Defrasne 20:22,1/0+2 (2)
Julien Robert 21:36,3/0+3 (10)
Raphael Poiree 20:13,1/0+0 (2)
4. Russland RUS 1:24:54,4/0+9
Viktor Maigurow 21:51,4/0+0 (1)
Sergej Roschkow 20:56,5/0+3 (5)
Sergej Tschepikow 21:24,8/0+2 (5)
Pawel Rostowtsew 20:41,7/0+4 (4)
5. Tschechische Republik CZE 1:26:36,1/0+12
Petr Garabik 22:42,3/0+1 (7)
Ivan Masarik 21:33,4/0+5 (12)
Roman Dostal 21:17,4/0+4 (4)
Zdenek Vitek 21:03,0/0+2 (7)
6. Österreich AUT 1:26:58,9/0+9
Christoph Sumann 22:36,3/0+1 (6)
Wolfgang Perner 21:21,1/0+2 (8)
Wolfgang Rottmann 21:35,3/0+4 (9)
Ludwig Gredler 21:26,2/0+2 (9)
7. Ukraine UKR 1:27:02,2/2+12
Wjatscheslaw Derkach 22:52,2/1+3 (8)
Alexander Bilanenko 22:06,4/1+4 (16)
Roman Pryma 21:10,3/0+2 (2)
Ruslan Lysenko 20:53,3/0+3 (5)
8. Weißrussland BLR 1:27:12,0/1+12
Alexej Aidarow 22:53,9/0+3 (9)
Alexander Syman 21:22,7/0+2 (9)
Oleg Ryschenkow 21:53,1/1+5 (12)
Wadim Saschurin 21:02,3/0+2 (6)
9. Polen POL 1:27:35,4/1+7
Wieslaw Ziemianin 22:58,0/0+3 (10)
Wojciech Kozub 21:49,3/1+3 (13)
Krzysztof Topor 21:26,3/0+0 (6)
Tomasz Sikora 21:21,8/0+1 (8)
10. Slowenien SLO 1:28:23,6/4+14
Saso Grajf 23:31,5/1+3 (15)
Tomas Globocnik 20:45,5/0+2 (3)
Janez Maric 21:52,0/2+4 (11)
Marko Dolenc 22:14,6/1+5 (13)
18. Schweiz SUI 1:32:50,5/5+16
Roland Zwahlen 23:30,9/1+5 (14)
Matthias Simmen 24:13,1/4+6 (19)
Jean-Marc Chabloz 21:32,4/0+2 (8)
Dani Niederberger 23:34,1/0+3 (17)

Reihenfolge:
Gesamtzeit/Strafrunden+Fehlschüsse,
Einzelzeit/Strafrunden+Fehlschüsse (Platzierung)

Der Skandal

Der größte Dopingskandal in der Geschichte der Olympischen Spiele, vergleichbar nur mit dem Fall Ben Johnson von Seoul 1988, war wenige Stunden vor der Schlussfeier perfekt. Drei Langlauf-Olympiasieger waren am 21. Februar positiv auf Darbepoetin getestet worden, Handelsname Aranesp, das in seiner Wirkung dem Blutdopingmittel Epo ähnelt: der Deutsch-Spanier Johann Mühlegg, ein Mann zwischen den Welten, sowie die beiden Russinnen Larissa Lasutina und Olga Danilowa.

Mühlegg (50 km) und Lasutina (30 km) wurden die Goldmedaillen aberkannt, die sie sich nach dem Test erschlichen hatten. Alle Drei wurden von den Spielen ausgeschlossen. Mühlegg wäre einer der Stars der Spiele geworden, Lasutina die erfolgreichste Winter-Olympionikin aller Zeiten. Wenn sie sauber gewesen wären. So wurden sie zu traurigen Gestalten. Auch wenn sie ihre vor der Aufdeckung gewonnenen Medaillen behalten durften.

»Die nützen ihnen nichts mehr. Wer gedopt hat, verliert jeden Respekt und die Achtung in der Welt des Sports und wird nicht mehr als Olympiasieger anerkannt«, sagte IOC-Präsident Jacques Rogge.

»Unser Kontrollsystem funktioniert«, freute sich IOC-Vize Thomas Bach als Vorsitzender der Disziplinar-Kommission. Das Mittel war erst seit wenigen Monaten im Handel und konnte erstmals analysiert werden.

DSV-Quartett holt sensationell Gold

Die deutschen Langlauf-Damen haben mit einer sensationellen Staffel-Goldmedaille den Bronze-Coup des Herren-Quartetts noch überboten. Manuela Henkel, Viola Bauer, Claudia Künzel und Evi Sachenbacher hatten nach 4x5 km in einem Wimpernschlag-Finale 1,3 Sekunden Vorsprung auf Norwegen. Bronze holte die Schweiz. Damit gewann erstmals seit 1980 (Gold für die DDR-Staffel) wieder eine deutsche Damen-Staffel Edelmetall.
Dass es zum deutschen Sieg kam, war einer herausragenden Teamleistung und einem Skandal zu verdanken. »Fünf Minuten vor dem Rennen haben wir erfahren, dass die Russen nicht starten. Gut für uns, habe ich gedacht. Aber dann ging es ja schon los«, erzählte Manuela Henkel.
Wegen einer unzulässig erhöhten Hämoglobin-Konzentration bei der fünfmaligen Olympiasiegerin Larissa Lasutina, die als Siegerin des abschließenden 50-km-»Marathons« dann wegen Blutdopings disqualifiziert wurde, konnte die Staffel der favorisierten Russinnen nicht teilnehmen. Viola Bauer gab hinterher ehrlich zu: »Wären die Russinnen gestartet, hätten sie sicher gewonnen. Aber wenn sie nicht fair sind, gewinnen eben wir.«
»Nie hätte ich geglaubt, einmal Olympiasiegerin zu werden. Auf alle Fälle nicht im Langlauf«, sagte Manuela Henkel, die zuvor fast zehn Jahre vergeblich um Erfolg und Anerkennung im Langlauf kämpfte. »Jetzt kann ich mich daheim wieder blicken lassen. Ich hatte wirklich schon Angst, nach Hause zu kommen.«
Nachdem die kleine Schwester Andrea an gleicher Stelle zweimal Biathlon-Gold über 15 km und in der Staffel abgeräumt hatte, konnten Mutter Elke und Vater Mathias im thüringischen Großbreitenbach das erfolgreichste Geschwisterpaar der Olympischen Spiele in die Arme nehmen. Fast ein wenig ratlos schien Evi Sachenbacher: »Ich bin hierher gekommen und wollte nur meine ersten Olympischen Spiele genießen. 2006 in Turin kommt vielleicht meine Zeit, habe ich gedacht. Und jetzt stehe ich mit Gold und Silber da.« Die ehemalige Junioren-Weltmeisterin hatte zwei Tage vorher mit ihrem zweiten Sprintplatz für das erste Edelmetall einer deutschen Langläuferin seit 22 Jahren gesorgt.
Vor vier Jahren war das Quartett des Deutschen Skiverbandes (DSV) auf dem fünften Olympiaplatz gelandet. Die damalige Schlussläuferin Kati Wilhelm, die diesmal mit zweimal Gold und einmal Silber als erfolgreichste Biathletin die olympischen Wettkampfstätten verließ, konnte in Nagano Italiens Stefania Belmondo auf dem Weg zu Bronze nicht aufhalten. »Auch diesmal können wir um den dritten Platz mitkämpfen. Die Männer haben mit ihrer

Die Teuflische (»La Diavola«) im siebten Himmel: Die Italienerin Stefania Belmondo (kleines Bild) erkämpfte sich Gold über die 15 km und Silber über die doppelt so lange Distanz. Anke Reschwamm aus Bautzen war über die 15 km als 36. nur Mitläuferin, erreichte im Sprint allerdings immerhin das Viertelfinale.

Sensation: Eine der größten Überraschungen der Spiele von Salt Lake City war der Erfolg des deutschen Langläuferinnen-Quartetts, das erstmals seit 1980 wieder Gold für Deutschland holte (unten).

Das schönste Lächeln der Spiele: Evi Sachenbacher konnte auch bei der Sprint-Siegerehrung neben der Russin Julia Tschepalowa und der Norwegerin Anita Moen ihr Glück über die Silbermedaille noch nicht fassen.

Durchsetzungsvermögen gefragt: Der Massenstart zu den 15 km der Damen war in den Loipen von Soldier Hollow am Fuße der Wasatch Mountains der Auftakt für zwei Wochen voller dramatischer Langlauf-Wettbewerbe.

S T A T I S T I K

Langlauf, 10 km klassisch, Damen

12.2.2002, Soldier Hollow

1.	Bente Skari	NOR	54	28:05,6
2.	Olga Danilowa	RUS	49	28:08,1
3.	Julia Tschepalowa	RUS	50	28:09,9
4.	Larissa Lasutina	RUS	52	28:21,6
5.	Stefania Belmondo	ITA	43	28:45,8
6.	Beckie Scott	CAN	55	28:49,2
7.	Ljubow Jegorowa	RUS	45	28:50,7
8.	Hilde G Pedersen	NOR	53	28:56,2
9.	Satu Salonen	FIN	41	29:02,3
10.	Petra Majdic	SLO	58	29:03,9
12.	Viola Bauer	GER	59	29:30,0
17.	Natascia Leonardi Cortesi	SUI	24	29:57,5
20.	Manuela Henkel	GER	47	30:00,5
A-	Laurence Rochat	SUI	24	

Reihenfolge: Startnummer, Zeit

Langlauf, 15 km mit Massenstart, Damen

9.2.2002, Soldier Hollow

1.	Stefania Belmondo	ITA	39:54,4
2.	Larissa Lasutina	RUS	39:56,2
3.	Katerina Neumannova	CZE	40:01,3
4.	Julia Tschepalowa	RUS	40:02,7
5.	Kaisa Varis	FIN	40,04,1
6.	Swetlana Nagejkina	BLR	40:17,9
7.	Gabriella Paruzzi	ITA	40:25,7
8.	Kristina Smigun	EST	40:33,6
9.	Karine Philippot	FRA	40:38,6
10.	Irina Terelia	UKR	40:39,4
13.	Evi Sachenbacher	GER	40:57,6
27.	Claudia Künzel	GER	42:49,5
36.	Anke Reschwamm	GER	43:53,1
16.	Natascia Leonardi Cortesi	SUI	41:56,3
32.	Brigitte Albrecht Loretan	SUI	42:54,4

Langlauf, 30 km, Damen

24.2.2002, Soldier Hollow

1.	Gabriella Paruzzi	ITA	53	1:30:57,1
2.	Stefania Belmondo	ITA	48	1:31:01,6
3.	Bente Skari	NOR	44	1:31:36,3
4.	Anita Moen	NOR	51	1:31:37,3
5.	Walentina Schewtschenko	UKR	41	1:33:03,1
6.	Viola Bauer	GER	42	1:33:25,1
7.	Kristina Smigun	EST	49	1:33:52,7
8.	Vibeke W. Skofterud	NOR	40	1:35:02,3
9.	Julia Tschepalowa	RUS	47	1:35:37,4
10.	Natascia Leonardi Cortesi	SUI	24	1:35:46,8
21.	Laurence Rochat	SUI	19	1:38:24,2
A-	Manuela Henkel	GER	52	
DQ	Larissa Lasutina	RUS	46	1:29:09,0
DQ	Olga Danilowa	RUS	43	1:33:44,1

wegen Doping

Reihenfolge: Startnummer, Zeit

Langlauf, Jagdrennen, Damen (5+5 km)

15.2.2002, Soldier Hollow

1.	Olga Danilowa 12:58 (1) / 11:54,1 (9)	RUS	57	24:52,1
2.	Larissa Lasutina 12:58 (2) / 12:01,0 (16)	RUS	69	24:59,0
3.	Beckie Scott 13:17 (6) / 11:52,9 (8)	CAN	67	25:09,9
4.	Katerina Neumannova 13:27 (8) / 11:43,0 (3)	CZE	56	25:10,0
5.	Viola Bauer 13:15 (5) / 11:56,1 (10)	GER	53	25:11,1
6.	Julia Tschepalowa 13:30 (9) / 11:41,3 (2)	RUS	58	25:11,3
7.	Nina Gawriljuk 13:26 (7) / 11:47,5 (6)	RUS	51	25:13,5
8.	Bente Skari 13:11 (4) / 12:03,2 (18)	NOR	60	25:14,2
9.	Petra Majdic 13:06 (3) / 12:10,5 (21)	SLO	50	25:16,5
10.	Gabriella Paruzzi 13:33 (10) / 11:45,6 (5)	ITA	68	25:18,6
20.	Evi Sachenbacher 14:05 (31) / 12:06,0 (19)	GER	54	26:11,0
22.	Manuela Henkel 13:49 (18) / 12:22,4 (35)	GER	52	26:11,4
24.	Laurence Rochat 13:57 (25) / 12:14,8 (25)	SUI	46	26:11,8
31.	Brigitte Albrecht Loretan 14:30 (50) / 11:57,3 (11)	SUI	23	26:27,3
57.	Claudia Künzel 14:37 (57) / -	GER	43	

Reihenfolge: Startnummer im 1. Lauf, Gesamtzeit
Zeit 5 km klassisch (Platzierung),
Zeit 5 km Freier Stil (Platzierung)

Langlauf, 1,5 km Sprint, Damen

19.2.2002, Soldier Hollow

1.	Julia Tschepalowa	RUS	3:10,6
2.	Evi Sachenbacher	GER	3:12,2
3.	Anita Moen	NOR	3:12,7
4.	Claudia Künzel	GER	3:13,3
VF	Anke Reschwamm	GER	
VF	Manuela Henkel	GER	
QU	Andrea Huber	SUI	

Langlauf, 4x5 km, Damen

21.2.2002, Soldier Hollow

1.	Deutschland Manuela Henkel 13:01,8 (1) Viola Bauer 12:58,0 (4) Claudia Künzel 11:47,7 (5) Evi Sachenbacher 11:43,1 (3)	GER	49:30,6
2.	Norwegen Marit Bjoergen 13:15,9 (4) Bente Skari 12:41,2 (1) Hilde G. Pedersen 11:41,0 (2) Anita Moen 11:53,8 (4)	NOR	49:31,9
3.	Schweiz Andrea Huber 13:08,2 (2) Laurence Rochat 13:02,7 (5) Brigitte Albrecht Loretan 11:43,3 (4) Natascia Leonardi Cortesi 12:09,4 (7)	SUI	50:03,6
4.	Tschechische Republik Helena Balatkova 13:33,6 (6) Kamila Rajdlova 13:24,6 (9) Katerina Neumannova 11:26,4 (1) Katerina Hanusova 12:10,6 (9)	CZE	50:35,2
5.	Weißrussland Elena Kalugina 13:45,1 (8) Swetlana Nagejkina 12:47,9 (3) Vera Sjatikowa 12:11,1 (10) Natalja Sjatikowa 11:53,8 (4)	BLR	50:37,9
6.	Italien Marianna Longa 14:14,2 (13) Gabriella Paruzzi 13:13,2 (6) Sabina Valbusa 11:41,3 (3) Stefania Belmondo 11:29,9 (1)	ITA	50:38,6
7.	Finnland	FIN	50:45,5
8.	Kanada	CAN	50:49,6
9.	Slowenien	SLO	51:19,6
10.	Japan	JPN	51:35,7

Reihenfolge: Gesamtzeit
Einzelzeit (Platzierung), zweimal klassisch, zweimal Freistil

Bronzemedaille gezeigt, was wir drauf haben. Und nach den beiden Silbermedaillen im Sprint durch Peter Schlickenrieder und die Evi ist auch das Selbstvertrauen da«, hatte Jochen Behle vor dem Rennen erklärt.
Der Langlauf-Bundestrainer behielt Recht: Die bis dahin nicht in Bestform laufende Manuela Henkel brachte das deutsche Team mit einem furiosen Startlauf in Führung. Auch Viola Bauer lief ein erstklassiges Rennen und wechselte als Zweite auf Claudia Künzel. Künzel hielt auf Rang zwei die Schweizerin Brigitte Albrecht Loretan auf Distanz, musste allerdings die Norwegerin Hilde Pedersen ziehen lassen. Den Rückstand machte dann Evi Sachenbacher wett. Die 21-Jährige lief gegen die Sprint-Dritte Moen das Rennen ihres Lebens und ließ die Norwegerin im Schlussspurt hinter sich.

Drunter und drüber: Jens Filbrich, Andreas Schlütter, Tobias Angerer und René Sommerfeldt feiern. Die als Außenseiter ins Rennen gegangene 4x10 km-Staffel holte mit Rang drei hinter Norwegen und Italien die erste Medaille für ein deutsches Männer-Quartett in der Geschichte Olympischer Winterspiele.

Historisches Bronze für deutsches Quartett

Als René Sommerfeldt mit einem Jubelschrei ins Ziel stürzte und ihn seine Teamkollegen unter sich begruben, war ein historischer Tag für den deutschen Langlauf perfekt: Die Bronzemedaille in der 4x10-km-Staffel bedeutete das erste Edelmetall für ein deutsches Quartett in der Geschichte der wOlympischen Spiele. Beim hauchdünnen Spurt-Sieg von Norwegen über Italien lagen Jens Filbrich, Andreas Schlütter, Tobias Angerer und René Sommerfeldt im Ziel 49 Sekunden zurück.

»Das ist der pure Wahnsinn! Eine Medaille war unser Ziel, aber ich habe bis zuletzt nicht daran geglaubt. Es ist phantastisch«, jubelte Sommerfeldt. Bundestrainer Jochen Behle, der früher im gemeinsamen Team mit Johann Mühlegg oft am erhofften Edelmetall schnupperte, es aber nie gewann, war ebenfalls überglücklich: »Diese erste Medaille war längst fällig. Ich bin stolz auf unsere Jungs.«

Für die Norweger konnten Anders Auckland, Erling Jevne, Kristen Skjeldal und Thomas Alsgaard die »Schmach von Lillehammer« ausmerzen. Damals, 1994, war Schlussläufer Björn Dählie von Italiens Silvio Fauner in die Schranken gewiesen worden. Diesmal hängte Alsgaard Italiens Sprint-Spezialisten Christian Zorzi – auch zur Freude des eigens angereisten König Harald V. – ab.

Für die erste Überraschung aus deutscher Sicht hatte Behle bereits vor dem Start gesorgt. Für den Ex-Weltmeister der Junioren, Axel Teichmann, rückte der Oberhofer Jens Filbrich ins Team. Teichmann, der im Vorfeld sogar als deutsche Medaillen-Hoffnung gegolten hatte, war in den Rennen zuvor deutlich hinter den Besten hergelaufen und musste deshalb wie bereits im Vorjahr beim dritten WM-Platz in Lahti zuschauen.

Bereits in der ersten Phase des Rennens hatten sich Vize-Weltmeister Schweden (ohne seinen erkrankten Doppel-Weltmeister Per Elofsson) und Finnland ebenso wie Österreich und Russland aus dem Kreis der Medaillen-Kandidaten verabschiedet. Nur elf Sekunden hinter den Norwegern lag das DSV-Quartett bei Halbzeit des Rennens sogar auf Rang zwei – 13 Sekunden vor den Italienern. Doch deren Attacke erfolgte – wie erwartet – auf den beiden Freistil-Distanzen und hätte fast noch für Gold gereicht.

»An einem Strang ziehen«

Silber für Sprinter Peter Schlickenrieder, Bronze für die 4x10-km-Staffel – nach jahrzehntelanger Durststrecke ist für die deutschen Langläufer in Soldier Hollow ein neues Zeitalter angebrochen. »Ich freue mich über den tollen Teamgeist in der Mannschaft und im ganzen Umfeld«, befand Coach Jochen Behle.

Der schon 32 Jahre alte Schlickenrieder verpasste in seinem letzten großen Rennen hinter dem Norweger Tor Arne Hetland nur um eine Zehntelsekunde Gold. Zuvor hatte das Quar-

tett mit Jens Filbrich, Andreas Schlütter, Tobias Angerer und René Sommerfeld hinter den überragenden Norwegern und Italienern für das erste olympische Edelmetall einer deutschen Herrenstaffel überhaupt gesorgt.

50-km-Vizeweltmeister Sommerfeld, der nach den Einzelrennen nicht gerade den glücklichsten Eindruck machte, brachte das System des gerade seit zwei Wintern amtierenden Behle auf den Punkt: »Wir haben so ein tolles Gefühl der Zusammengehörigkeit entwickelt, wie ich es noch nie erlebt habe.« Teamkollege Schlütter, zum Abschluss glänzender Vierter über die 50 km, sah vor allem in der Staffelbronze »ein Signal für den deutschen Langlauf«.

Und Behle, in aktiven Zeiten eher ein Einzelkämpfer und ständig mit dem Verband im Clinch, schilderte seine Wandlung zum Teamarbeiter so: »Ich habe einen Lernprozess hinter mir. Der Langlauf ist in der Zusammenarbeit der einzelnen Bereiche so kompliziert geworden, dass Erfolge nur dann möglich sind, wenn alle an einem Strang ziehen.«

Wichtiger Bestandteil des Teams waren in Soldier Hollow die sechs Techniker unter Führung von »Wachs-Guru« Uwe Bellmann, die in ständiger Zusammenarbeit mit ihren Biathlon-Kollegen insgesamt 30 Wachsarten ausprobierten und schließlich einen »Raketen-Ski« zauberten. Der Zollbeamte war selbst zweimal Olympia-Teilnehmer und 1982 mit der DDR WM-Dritter in er Staffel. »Sie haben einen sensationellen Job gemacht«, lautete der einmütige Dank der Aktiven und Chef Jochen Behle.

Weltmeister Elofsson als großer Verlierer

Bis zum Schlusstag war der seit 1999 für Spanien startende Grainauer Johann Mühlegg nach seinen Siegen über 30 km Freistil und in der Verfolgung der Star in den Loipen von Soldier Hollow gewesen, doch dann schrieb er negative Schlagzeilen: Im abschließenden »Marathon« über 50 km im klassischen Stil lief er zwar als Erster ins Ziel, wurde dann aber wegen Dopings disqualifiziert. So rückte der Russe Michail Iwanow zum Sieger auf, und Andrus Veerpalu, der über die 15 km das erste Winter-Gold für Estland geholt hatte, verbesserte sich auf den Silber-Rang.

Zu den großen Verlierern zählte die traditionsreiche Wintersport-Nation Schweden, die – bei Männern und Frauen – ohne eine einzige Medaille abreisen musste. Der als Nachfolger seiner großen Landsmänner Gunde Svan und Thomas Wassberg vorgesehene Doppel-Weltmeister und Gesamt-Weltcup-Spit-

Finale: Der 29 Jahre alte Andreas Schlütter aus Zella-Mehlis setzte im »Marathon« über die 50 km mit einem glänzenden vierten Platz den Schlusspunkt unter eine zuvor nicht erwartete gute deutsche Langläufer-Bilanz. 50 km-Sieger Michail Iwanow aus Russland ging nach dem Zieleinlauf wie die meisten Teilnehmer erst einmal vor lauter Erschöpfung in die Knie.

Eindrucksvoll: Christian Hoffmann (vorn) als Zweiter und Michail Botwinow als Dritter demonstrierten über die 30 km mit Massenstart die Stärke der Ski-Nation Österreich auch in den Loipen. Mit Silber im Sprint beendete Peter Schlickenrieder (rechts unten) drei Tage nach seinem 32. Geburtstag in Salt Lake City seine Karriere.

zenreiter Per Elofsson wurde über die 15 km lediglich Fünfter und stieg über die 30 km entnervt aus.

Norwegen heimste zwar mit je einmal Gold und Bronze sowie dreimal Silber das meiste Edelmetall ein, musste aber erkennen, dass die Zeiten eines Björn Dählie, des mit acht Gold- und vier Silbermedaillen zwischen 1992 und 1998 erfolgreichsten Winterolympioniken aller Zeiten, auch erst einmal vorbei sind. Denn der im Weltcup hinter Elofsson zweitplatzierte Thomas Alsgaard als Zweiter im Jagdrennen sowie der dort zeitgleich ebenso wie über die 15 km mit Silber dekorierte Frode Estil mussten bis zur Staffel warten, ehe sie endlich auf dem ersehnten obersten Treppchenplatz standen.

S T A T I S T I K

Langlauf, 15 km klassisch, Herren

12.2.2002, Soldier Hollow

1.	Andrus Veerpalu	EST	59	37:07,4
2.	Frode Estil	NOR	64	37:43,4
3.	Jaak Mae	EST	67	37:50,8
4.	Anders Aukland	NOR	63	38:08,3
5.	Per Elofsson	SWE	66	38:10,8
6.	Erling Jevne	NOR	60	38:13,6
7.	Witali Denissow	RUS	61	38:17,9
8.	Magnus Ingesson	SWE	47	38:38,5
9.	Reto Burgermeister	SUI	50	38:49,2
10.	Sergej Nowikow	RUS	28	38:49,3
14.	Axel Teichmann	GER	14	39:05,3
15.	Andreas Schlütter	GER	40	39:19,2
23.	Alexander Marent	AUT	31	39:36,2
33.	Jens Filbrich	GER	53	39:57,0
41.	Gerhard Urain	AUT	49	40:38,0
55.	Peter Schlickenrieder	GER	19	42:34,0

Reihenfolge: Startnummer, Zeit

Langlauf, 30 km mit Massenstart, Herren

9.2.2002, Soldier Hollow

1.	Johann Mühlegg	ESP	1:09:28,9
2.	Christian Hoffmann	AUT	1:11:31,0
3.	Michail Botwinow	AUT	1:11:32,3
4.	Kristen Skjeldal	NOR	1:11:42,7
5.	Pietro Piller Cottrer	ITA	1:11:42,8
6.	Ole Einar Björndalen	NOR	1:11:44,5
7.	Lukas Bauer	CZE	1:12:22,3
8.	Nikolaj Boltschakow	RUS	1:12:50,6
9.	Sergej Krianine	RUS	1:12:52,0
10.	Cristian Zorzi	ITA	1:13:10,0
17.	Rene Sommerfeldt	GER	1:13:55,8
20.	Axel Teichmann	GER	1:14:23,8
34.	Tobias Angerer	GER	1:16:13,1
24.	Gerhard Urain	AUT	1:14:33,9
45.	Achim Walcher	AUT	1:17:40,9
29.	Patrik Mächler	SUI	1:15:03,4
35.	Gion Andrea Bundi	SUI	1:16:19,6
39.	Wilhelm Aschwanden	SUI	1:16:32,4
40.	Patrick Roelli	SUI	1:16:36,5

Langlauf, 50 km, Herren

23.2.2002, Soldier Hollow

1.	Michail Iwanow	RUS	27	2:06:20,8
2.	Andrus Veerpalu	EST	30	2:06:44,5
3.	Odd-Bjoern Hjelmeset	NOR	24	2:08:41,5
4.	Andreas Schlütter	GER	13	2:08:54,8
5.	Michail Botwinow	AUT	31	2:09:21,7
6.	Hiroyuki Imai	JPN	9	2:09:41,3
7.	Anders Aukland	NOR	28	2:10:05,7
8.	Lukas Bauer	CZE	25	2:10:41,9
9.	Frode Estil	NOR	32	2:10:44,8
10	Giorgio di Centa	ITA	21	2:12:59,6
21.	Jens Filbrich	GER	48	2:15:44,8
24.	Marc Mayer	AUT	5	2:16:51,1
33.	Wilhelm Aschwanden	SUI	54	2:19:33,9
38.	Reto Burgermeister	SUI	19	2:20:43,3
46.	Patrick Rölli	SUI	60	2:24:34,4
DQ	Johann Mühlegg	ESP	37	2:06:05,9

Reihenfolge: Startnummer, Zeit

Langlauf, Jagdrennen, Herren (10+10 km)

14.2.2002, Soldier Hollow

1.	Johann Mühlegg 26:07 (1) / 23:13,4 (3)	ESP	79	49:20,4
2.	Frode Estil 26:20 (2) / 23:28,9 (14)	NOR	80	49:48,9
2.	Thomas Alsgaard 26:56 (16) / 22:52,9 (1)	NOR	69	49:48,9
4.	Per Elofsson 26:39 (9) / 23:13,9 (4)	SWE	75	49:52,9
5.	Giorgio di Centa 26:30 (4) / 23:23,8 (10)	ITA	46	49:53,8
6.	Witali Denissow 26:32 (6) / 23:26,5 (11)	RUS	63	49:58,5
7.	Pietro Piller Cottrer 27:06 (23) / 22:55,2 (2)	ITA	71	50:01,2
8.	Anders Aukland 26:27 (3) / 23:43,8 (20)	NOR	76	50:10,8
9.	Jaak Mae 26:31 (5) / 23:41,1 (19)	EST	77	50:12,1
10.	Michail Botwinow 26:32 (7) / 23:45,2 (21)	AUT	78	50:17,2
11.	Rene Sommerfeldt 26:46 (12) / 23:36,7 (18)	GER	70	50:22,7
18.	Andreas Schlütter 26:52 (13) / 23:56,2 (29)	GER	13	50:48,2
24.	Tobias Angerer 27:30 (32) / 23:27,9 (13)	GER	17	50:57.9
39.	Axel Teichmann 27:31 (33) / 24:29,4 (45)	GER	43	52:00,4
41.	Patrik Mächler 28:12 (47) / 23:57,1 (30)	SUI	6	52:09,1
42.	Reto Burgermeister 27:51 (41) / 24:27,1 (44)	SUI	19	52:18,1
43.	Achim Walcher 27:49 (38) / 24:30,0 (46)	AUT	55	52:19,0
51.	Marc Mayer 28:34 (55) / 24:47,2 (51)	AUT	16	53:21,2

Reihenfolge: Startnummer im 1. Lauf, Gesamtzeit
Zeit 10 km klassisch (Platz),
Zeit 10 km Freier Stil (Platz)

Langlauf, 1,5 km Sprint, Männer

19.2.2002, Soldier Hollow

1.	Tor Arne Hetland	NOR	2:56,9
2.	Peter Schlickenrieder	GER	2:57,0
3.	Cristian Zorzi	ITA	2:57,2
4.	Bjoern Lind	SWE	2:58,1
7.	Tobias Angerer	GER	
QU	Christoph Eigenmann	SUI	
QU	René Sommerfeldt	GER	
QU	Marc Mayer	AUT	
QU	Reinhard Neuner	AUT	

Langlauf, 4 x 10 km, Herren

17.2.2002, Soldier Hollow

1.	Norwegen Anders Aukland 24:27,4 (1) Frode Estil 24:22,9 (5) Kristen Skjeldal 22:10,5 (5) Thomas Alsgaard 21:44,7 (2)	NOR	1:32:45,5
2.	Italien Fabio Maj 24:35,8 (2) Giorgio di Centa 24:38,4 (7) Pietro Piller Cottrer 21:47,1 (2) Cristian Zorzi 21:44,5 (1)	ITA	1:32:45,8
3.	Deutschland Jens Filbrich 24:39,9 (4) Andreas Schlütter 24:21,4 (3) Tobias Angerer 22:12,4 (6) René Sommerfeldt 22:20,8 (5)	GER	1:33:34,5
4.	Österreich Alexander Marent 25:15,0 (8) Michail Botwinow 24:22,1 (4) Gerhard Urain 22:19,9 (7) Christian Hoffmann 22:07,9 (3)	AUT	1:34:04,9
5.	USA John Bauer 24:40,9 (5) Kris Freeman 24:34,9 (6) Justin Wadsworth 22:40,7 (10) Carl Swenson 22:09,0 (4)	USA	1:34:05,5
6.	Russland Sergej Nowikow 25:17,6 (10) Michail Iwanow 24:14,3 (2) Witali Denissow 22:34,9 (8) Nikolaj Boltschakow 22:43,3 (7)	RUS	1:34:50,1
7.	Tschechische Republik Martin Koukal 25:07,9 (7) Jiri Magal 25:30,9 (9) Lukas Bauer 21:29,6 (1) Petr Michl 23:22,9 (12)	CZE	1:35:31,3
8.	Frankreich Alexandre Rousselet 24:57,3 (6) Christophe Perrillat 25:31,9 (10) Vincent Vittoz 22:01,3 (3) Emmanuel Jonnier 23:20,3 (10)	FRA	1:35:50,8
9.	Estland Raul Olle 25:16,7 (9) Andrus Veerpalu 23:45,2 (1) Jaak Mae 22:08,0 (4) Meelis Aasmae 24:57,1 (15)	EST	1:36:07,0
10.	Schweiz Wilhelm Aschwanden 25:54,9 (12) Reto Burgermeister 25:09,4 (8) Patrik Mächler 23:05,5 (13) Gion Andrea Bundi 23:16,6 (9)	SUI	1:37:26,4

Reihenfolge: Gesamtzeit,
Einzelzeit (Platzierung) – Zweimal klassisch, zweimal Freistil

Die älteste Form des Skisports erlebte ihren ersten Höhepunkt 1520, als der spätere schwedische König Gustav Wasa vor den dänischen Besatzern von Mora nach Sälen flüchtete, und ein Jahr später der noch heute ausgetragene Wasa-Lauf über 87 Kilometer ins Leben gerufen wurde. Fast ein halbes Jahrtausend später hat mit der Einführung der nur 1,5 Kilometer langen Sprintrennen im K.o.-Modus und der Massenstart-Wettbewerbe eins der Kernstücke der olympischen Wintersport-Geschichte in Soldier Hollow einen großen Teil der medialen Aufmerksamkeit zurückgewonnen, die ihm in den letzten Jahren trotz Einführung des freien Stils (skating) und der gestiegenen Anzahl von Disziplinen verloren zu gehen drohte.

Von Gold geträumt, zweimal Silber und einmal »Blech« gewonnen. Ronny Ackermann scheiterte beim geplanten Sturm auf den Thron der Nordischen Kombination am »fliegenden Finnen« Samppa Lajunen. Der zweite Platz im Sprint-Wettbewerb bedeutete gleichzeitig die erste Einzel-Medaille für Deutschland nach 22 Jahren.

Deutsche Kombinierer stürmen zu Silber

Mit einer sensationellen Laufleistung sicherten sich Deutschlands Nordische Kombinierer ihre erste Olympia-Medaille seit den Spielen 1988 in Calgary. Im Mannschafts-Wettbewerb machte Schlussläufer Ronny Ackermann nur 7,5 Sekunden hinter dem erschöpft zusammenbrechenden Doppel-Olympiasieger Samppa Lajunen die Silbermedaille hinter Finnland perfekt. Bronze ging in diesem spannenden Wettbewerb an Österreich.

»Alle waren super locker beim Lauf und haben das Maximale herausgeholt. Wir wollten Bronze, jetzt haben wir Silber und sind überglücklich. Da bleibt kein Gedanke an das vielleicht verpasste Gold wegen der Sprungleistungen«, sagte Bundestrainer Hermann Weinbuch. Björn Kircheisen, Georg Hettich, Marcel Höhlig und Ackermann fielen sich im Ziel überglücklich in die Arme und tanzten

durchs Stadion von Soldier Hollow. »Mit Silber hatte überhaupt keiner mehr gerechnet. Wir sind überglücklich und werden feiern«, sagte der Vierte der Einzelkonkurrenz. In der Stunde seines größten Triumphs als Chef-Coach dachte Weinbuch auch an den Sprint-Weltmeister des Jahres 2001, Marko Baacke, dem nach einem schweren Trainingssturz eine Niere und die Milz entfernt werden mussten: »Die Medaille haben wir auch für Marko gewonnen.«

Das deutsche Quartett war als Fünfter des Springens mit einer schlechten Ausgangsposition in die 4x5-km-Langlaufstaffel gegangen. Finnland nahm 1:51 Minuten Vorsprung mit in die Loipe. Doch in der Langlaufspur zeigten die Deutschen endlich das vom Bundestrainer eingeforderte »Feuer«. Der erst 19-jährige Startläufer Kircheisen überholte nach einem Kilometer den viertplatzierten Japaner Kenji Ogiwara. Kurz vor dem Ziel der ersten 5-km-Schleife stürmte er dann auch noch am stärksten US-Amerikaner Todd Lodwick vorbei und übergab an Position drei mit einem Rückstand von nur noch 49,7 Sekunden auf Spitzenreiter Finnland.

Im Ziel wurden ihm sofort seine blitzschnellen Ski von den Füßen gerissen und für den an dritter Position laufenden Höhlig neu präpariert. Vor Höhlig »rehabilitierte« sich jedoch Hettich fur seine schwachen

Auch mit ihren hervorragenden Laufleistungen konnten die deutschen Kombinierer den Rückstand aus dem Springen gegenüber den starken Finnen nicht mehr wettmachen. Ronny Ackermann erreichte das Ziel nach fünf Kilometern mit der zweitbesten Zeit. Schneller war nur der Österreicher Felix Gottwald, der in der Nordischen Kombination drei Bronzemedaillen für die Alpenrepublik gewann.

BLICKPUNKT

Rock'n Roller Lajunen gibt den Takt an

Der Rock'n Roll-Musiker Samppa Lajunen gab bei Olympia auch sportlich den Takt bei den Kombinierern an. Mit einem für ihn ungewohnten Freudenschrei im Ziel quittierte der zurückhaltende Finne seinen historischen dritten Olympiasieg bei den Winterspielen. Dieses Kunststück gelang dem 22-Jährigen als erstem Kombinierer, da nach der Einführung des Sprints erstmals drei Wettbewerbe auf dem Programm standen. Drei Olympiasiege in der Kombination hat auch der Deutsche Ulrich Wehling auf dem Konto, der von 1972 bis 1980 jeweils die damals einzige Konkurrenz gewann.

»Davon hätte ich niemals geträumt. Jetzt haue ich kräftig auf die Pauke«, freute sich der 1998 in Nagano noch zweimal auf dem Silberplatz gelandete Lajunen. Der Bezug zur Pauke macht durchaus Sinn, denn Lajunen spielt in einer Band namens Vieraileva Tahti Gitarre. Der größte Hit der Band hieß »Der leichteste Mann in Finnland«. Nach den Winterspielen wird Lajunen aber eher der berühmteste Mann im Land der 1000 Seen sein, denn zuletzt hatte Skispringer Matti Nykänen 1988 dreimal Olympiagold gewonnen.

Für Finnland bedeuten die Erfolge des zweimaligen Gesamt-Weltcupsiegers Lajunen auch ein Stück Aufbauhilfe, nachdem die Langläufer bei der WM 2001 in Lahti mit einem großen Dopingskandal für negative Schlagzeilen gesorgt hatten. Lajunens Vater Heimo ist übrigens in Personalunion Arzt und persönlicher Trainer des Sohnes, zu dessen Hobbys neben der Rock'n Roll-Musik auch Segeln und Geschäfte am Aktienmarkt gehören.

Sprungleistungen – er nahm dem Amerikaner Bill Demong zehn Sekunden ab. Mit nur noch 15 Sekunden Rückstand auf die zweitplatzierten Österreicher startete Höhlig. Nach drei Kilometern war auch das Austria-Team eingeholt. Auf dem letzten Abschnitt holte der Österreicher Felix Gottwald – wie schon im Einzelrennen – Ackermann ein und ließ ihn bei einem Abstieg stehen. Doch der Gesamt-Weltcup-Zweite konterte und lief jubelnd ins Ziel: »Ich wusste genau, wo Gottwald antritt. Dann habe ich ihn mir noch gegriffen.«

Ackermann knapp an Gold vorbei

Kombinierer Ronny Ackermann hat in der Loipe von Soldier Hollow trotz einer couragierten Laufleistung den Griff zum Gold verpasst. Bei der olympischen Premiere des Sprint-Wettbewerbes durfte sich der 24 Jahre alte Oberhofer aber mit Silber und damit der ersten deutschen Einzel-Medaille seit 22 Jahren trösten. Zum »König der Kombinierer« krönte sich der Finne Samppa Lajunen. Als zweiter Athlet der Geschichte nach Ulrich Wehling hat der 22-Jährige nun drei Olympiasiege auf dem Konto.

»Das war mein bestes Rennen bei diesen Olympischen Spielen. Ich war sehr locker, die Bedingungen waren sehr gut, aber ich hatte keine Chance, Lajunen einzuholen,« war Ackermann, der bereits im Team-Wettbewerb mit Silber dekoriert worden war, dennoch überglücklich. Sein Rückstand auf den überragenden Finnen betrug am Ende neun Sekunden. Bronze gewann der Österreicher Felix Gottwald, der damit in allen drei »Kombi-Wettbewerben« den dritten Platz belegte.

Junioren-Weltmeister Björn Kircheisen stürmte von Platz 15 nach dem Springen in der Loipe noch auf Rang neun ins Ziel und meinte: »Mit meiner Platzierung bin ich zufrieden. Es war auch wieder ein Erfolg des Teams, weil der Ski erneut super lief.« Jens Gaiser wurde 19., Marcel Höhlig, der als Achter des Springens aussichtsreich auf die 7,5-km-Strecke gegangen war, belegte am Ende mit 1:52 Minuten Rückstand nur Platz 25. Bundestrainer Hermann Weinbuch konnte dennoch eine positive Bilanz ziehen: »Der Ronny ist so gelaufen, wie wir es erhofft hatten. Aber Lajunen war zu stark. Wir haben zwei Silbermedaillen gewonnen und können sehr zufrieden die Heimreise antreten.«

Ackermann, der nach einem

124,5-Meter-Sprung von der Großschanze als Zweiter mit 15 Sekunden Rückstand auf Lajunen (126,5 Meter) in die Loipe gegangen war, hatte bereits zur Hälfte des Rennens bei der 3,7-km-Marke weitere Sekunden auf den Finnen verloren und konnte den Rückstand trotz eines starken Endspurts nicht mehr ganz wettmachen. Der dreimalige Olympiasieger Ulrich Wehling, der in Salt Lake City als Renndirektor fungierte, hatte Ackermann vor dem Start noch zusätzlich motiviert: »Ronny hat das Potenzial, Gold zu gewinnen. Ich wäre überhaupt nicht traurig, wenn er mich als letzten deutschen Gold-Medaillen-Gewinner ablösen würde.«

Sie dominierten die Wettbewerbe in der Nordischen Kombination: Samppa Lajunen war als dreifacher Sieger die unumstrittene Nummer 1, Ronny Ackermann kam zweimal direkt hinter ihm ins Ziel und Felix Gottwald gewann in allen Rennen Bronze.

STATISTIK

Nordische Kombination, Einzel

9./10.2.2002,
Utah Olympic Park / Soldier Hollow

1. Samppa Lajunen FIN 0,0
   125,5+131,5 P/257,0/3 38:18,7/6
2. Jaakko Tallus FIN 24,7
   128,0+139,5 P/267,5/1 39:36,4/20
3. Felix Gottwald AUT 54,8
   119,0+116,0 P/235,0/11 37:23,5/1
4. Ronny Ackermann GER 1:16,1
   128,5+125,5 P/254,0/5 39:19,8/18
5. Björn Kircheisen GER 1:44,2
   116,5+115,5 P/232,0/14 37:57,9/5
6. Mario Stecher AUT 2:19,1
   128,0+130,0 P/258,0/2 40:42,8/31
7. Todd Lodwick USA 2:27,7
   122,5+118,0 P/240,5/7 39:24,4/19
8. Kristian Hammer NOR 2:29,1
   104,0+117,5 P/221,5/22 37:50,8/3
9. Andy Hartmann SUI 2:30,6
   116,0+120,5 P/236,5/9 39:07,3/14
10. Nicolas Bal FRA 2:31,6
   113,5+103,0 P/216,5/27 37:28,3/2
15. Christoph Bieler AUT 3:09,4
   125,5+129,5 P /255,0/4 41:18,1/37
20. Christoph Eugen AUT 4:14,4
   113,0+111,5 P/224,5/18 39:51,1/24
21. Sebastian Haseney GER 4:25,3
   99,0+100,0 P/199,0/38 37:54,0/4
25. Andreas Hurschler SUI 5:07,7
   111,5+86,5 P/198,0/39 38:31,4/10
29. Ronny Heer SUI 5:28,3
   117,0+105,0 P/222,0/21 40:52,0/34
34. Georg Hettich GER 6:06,1
   104,0+105,5 P/209,5/32 40:27,8/28
42. Ivan Rieder SUI 10:00,3
   101,5+85,0 P/186,5/43 42:27,0/40

Reihenfolge: Finaleinlauf
Sprünge/Punkte/Platz
Zeit 15 km Freier Stil/Platz

Nordische Kombination, Sprint

21./22.2.2002,
Utah Olympic Park / Soldier Hollow

1. Samppa Lajunen FIN 0,0
   123,8 (1) / 16:40,1 (16)
2. Ronny Ackermann GER 9,0
   119,9 (2) / 16:34,1 (9)
3. Felix Gottwald AUT 40,2
   110,3 (11) / 16:29,3 (5)
4. Jaakko Tallus FIN 45,8
   119,0 (3) / 17:07,9 (25)
5. Todd Lodwick USA 52,0
   109,0 (12) / 16:36,1 (11)
6. Daito Takahashi JPN 57,8
   114,4 (4) / 17:02,9 (24)
7. Hannu Manninen FIN 1:02,6
   104,7 (17) / 16:30,7 (7)
8. Andy Hartmann SUI 1:04,6
   104,2 (18) / 16:30,7 (7)
9. Björn Kircheisen GER 1:05,1
   105,8 (15) / 16:37,2 (12)
10. Ludovic Roux FRA 1:05,6
   103,5 (20) / 16:29,7 (6)
11. Mario Stecher AUT 1:09,4
   113,5 (5) / 17:10,5 (28)
16. Christoph Bieler AUT 1:21,5
   112,7 (6) / 17:19,6 (30)
19. Jens Gaiser GER 1:39,2
   102,4 (22) / 16:59,3 (23)
21. Andreas Hurschler SUI 1:41,8
   91,2 (38) / 16:19,9 (1)
25. Marcel Höhlig GER 1:52,1
   111,6 (8) / 17:46,2 (37)
28. Michael Gruber AUT 1:53,9
   110,5 (9) / 17:44,0 (35)
29. Ronny Heer SUI 1:53,9
   103,9 (19) / 17:19,0 (29)
31. Sepp Hurschler SUI 1:55,9
   105,8 (15) / 17:28,0 (32)

Reihenfolge: Finaleinlauf
Punkte Sprung (Platzierung) /
Zeit 7,5 km (Platzierung)

Nordische Kombination, Mannschaft

17.2.2002, Utah Olympic Park

1. Finnland FIN (1/0:00) 0,0
   Jari Mantila 225,0 / 12:49,9 (9)
   Hannu Manninen 233,0 / 11:28,1 (2)
   Jaakko Tallus 252,0 / 12:14,1 (5)
   Samppa Lajunen 257,5 / 12:10,1 (6)
2. Deutschland GER (5/1:51) 7,5
   Björn Kircheisen 220,0 / 11:48,0 (1)
   Georg Hettich 207,5 / 11:49,0 (3)
   Marcel Höhlig 224,0 / 11:46,3 (1)
   Ronny Ackermann 242,0 / 11:35,4 (2)
3. Österreich AUT (2/0:44) 11,0
   Christoph Bieler 239,0 / 12:26,9 (6)
   Michael Gruber 215,0 / 11:57,6 (4)
   Mario Stecher 244,0 / 12:11,4 (4)
   Felix Gottwald 240,5 / 11:33,3 (1)
4. USA USA (3/1:34) 1:11,9
   Todd Lodwick 239,5 / 12:07,7 (5)
   Bill Demong 249,0 / 11:58,3 (5)
   Johnny Spillane 215,5 / 12:23,7 (6)
   Matt Dayton 201,0 / 11:50,4 (5)
5. Norwegen NOR (10/4:24) 2:39,9
   Sverre Rotevatn 182,5 / 11:57,4 (3)
   Lars Andreas Oestvik 185,5 / 11:27,0 (1)
   Jan Rune Grave 214,5 / 11:48,6 (2)
   Kristian Hammer 209,0 / 11:45,1 (3)
6. Frankreich FRA (8/3:02) 2:53,3
   Frederic Baud 203,5 / 11:59,9 (4)
   Ludovic Roux 218,0 / 12:11,6 (7)
   Kevin Arnould 217,0 / 12:36,1 (8)
   Nicolas Bal 208,0 / 11:45,9 (4)
7. Schweiz SUI (7/2:37) 3:25,7
   Andreas Hurschler 205,0 / 11:54,2 (2)
   Ronny Heer 232,0 / 12:07,5 (6)
   Jan Schmid 213,0 / 12:44,7 (9)
   Ivan Rieder 213,0 / 12:44,5 (7)
8. Japan JPN (4/1:40) 3:44,3
   Kenji Ogiwara 214,5 / 12:33,2 (7)
   Gen Tomii 228,0 / 12:52,5 (8)
   Satoshi Mori 214,0 / 12:35,2 (7)
   Daito Takahashi 244,5 / 12:45,6 (8)
9. Tschechische Republik CZE (6/1:53) 4:46,6
   Milan Kucera 214,5 / 12:49,1 (8)
   Lukas Hermansky 215,0 / 13:52,3 (9)
   Pavel Churavy 234,0 / 11:51,4 (3)
   Petr Smejc 228,5 / 13:03,0 (9)
10. Russland* RUS (9/3:40) -
   Alexej Fadeev 224,0 / –
   Alexej Zvetkov 194,0 / –
   Alexej Baramnikov 225,5 / –
   Vladimir Lysenin 177,5 / –

*Zum Laufen nicht angetreten

Reihenfolge: (Platzierung nach dem Springen/Rückstand), Rückstand Zieleinlauf
Einzelergebnisse Springen/5km Freistil

Felix Gottwald stürmt einen der vielen Anstiege auf der anspruchsvollen Runde vor seinem Landsmann Mario Stecher und dem Amerikaner Todd Lodwick hoch (Bild Seite 110).

Umgerechnet 55 Millimeter gaben beim Skisprung-Krimi im Utah Olympic Park den Ausschlag für die »deutschen Adler mit den Goldflügeln«. Das deutsche Quartett mit den Goldmedaillen.

Knapp wie nie

Noch Stunden nach dem Thriller von Park City war das deutsche Skisprung-Team mit Sven Hannawald, Stephan Hocke, Michael Uhrmann und Martin Schmitt von den Gefühlen überwältigt. Erst mit den Goldmedaillen um den Hals brachen am Abend alle Dämme. Chef-Coach Heß gab seinen Jungs frei, und die »Flieger« hoben sofort zur »längsten Skisprung-Party des Jahres« ab.

Im allgemeinen Freudentaumel machte sich auch Erleichterung breit. Minimale 0,1 Punkte Vorsprung reichten den DSV-Adlern zur Goldmedaille. Erst ein Mal in der Olympia-Geschichte hatte es eine ähnlich knappe Entscheidung gegeben, als der Pole Wojciech Fortuna in Sapporo 1972 mit 0,1 Punkten vor dem Schweizer Walter Steiner siegte. Damals nach zwei Sprüngen, diesmal lag die Minimaldifferenz nach acht Sprüngen zwischen Deutschland und Finnland.

Deren Springer Risto Jussilainen empfand die Niederlage wie einen »Schlag ins Gesicht«, Cheftrainer Mika Kojonkovski verweigerte den Deutschen sogar die Gratulation. Überraschend gewann die Slowakei die Bronzemedaille, so dass das österreichische Quartett erstmals seit 1988 im Skispringen ohne Medaille blieb. Und auch das Schweizer Team um den überragenden Doppel-Olympiasieger Simon Ammann hatte als Siebter mit den Medaillen nichts zu tun.

Kommentar von Michael Uhrmann: »Ob 0,1 oder 10 Punkte Vorsprung spielt keine Rolle. Hauptsache Gold.« Seinen Kollegen Hocke (»Ich hatte Herzrattern und Angst, alles zu versauen«) und Schmitt war das nicht ganz so egal. Auf den Schultern des mit neuen »Tigerski« fliegenden viermaligen

S T A T I S T I K

Springen, 90-m-Schanze, Einzel

10.2.2002, Utah Olympic Park

1.	Simon Ammann	SUI	269,0
	98,0 m / 133,5, 98,5 m / 135,5		
2.	Sven Hannawald	GER	267,5
	97,0 m / 131,0, 99,0 m / 136,5		
3.	Adam Malysz	POL	263,0
	98,5 m / 129,5, 98,0 m / 133,5		
4.	Janne Ahonen	FIN	261,5
	95,5 m / 128,0, 98,0 m / 133,5		
5.	Veli-Matti Lindström	FIN	253,0
	95,0 m / 126,5, 95,5 m / 126,5		
6.	Matti Hautamäki	FIN	252,5
	95,0 m / 121,5, 95,5 m / 131,0		
7.	Martin Schmitt	GER	250,0
	94,5 m / 125,5, 94,5 m / 124,5		
8.	Michael Uhrmann	GER	245,0
	92,0 m / 118,0, 95,5 m / 127,0		
9.	Kazuyoshi Funaki	JPN	243,0
	92,0 m / 119,5, 94,5 m / 123,5		
10.	Primoz Peterka	SLO	240,5
	92,5 m / 121,5, 91,5 m / 119,0		
11.	Stefan Horngacher	AUT	240,0
	91,5 m / 117,5, 93,5 m / 122,5		
14.	Martin Koch	AUT	237,0
	92,5 m / 120,5, 91,0 m / 116,5		
17.	Christof Duffner	GER	235,0
	91,5 m / 117,5, 92,0 m / 117,5		
22.	Andreas Küttel	SUI	231,5
	90 m / 114,0, 91 m / 117,5		
24.	Andreas Widhölzl	AUT	230,5
	90,5 m / 115,0, 90,5 m / 115,5		
25.	Martin Höllwarth	AUT	228,0
	90 m / 115,0, 89 m / 113,0		
25.	Sylvain Freiholz	SUI	228,0
	89 m / 113,0, 91 m / 115,0		

Reihenfolge: Gesamtpunktzahl
1. Sprung/Punkte, 2. Sprung/Punkte

Springen, 120-m-Schanze, Einzel

13.2.2002, Utah Olympic Park

1.	Simon Ammann	SUI	281,4
	132,5 m / 140,5, 133,0 m / 140,9		
2.	Adam Malysz	POL	269,7
	131,0 m / 137,3, 128,0 m / 132,4		
3.	Matti Hautamäki	FIN	256,0
	127,0 m / 129,1, 125,5 m / 126,9		
4.	Sven Hannawald	GER	255,3
	132,5 m / 140,5, 131,0 m / 114,8		
5.	Stefan Horngacher	AUT	247,2
	125,0 m / 123,5, 124,0 m / 123,7		
6.	Andreas Küttel	SUI	245,6
	125,0 m / 125,0, 122,0 m / 120,6		
7.	Kazuyoshi Funaki	JPN	245,5
	126,5 m / 128,7, 121,0 m / 116,8		
8.	Martin Koch	AUT	244,5
	126,0 m / 126,3, 121,5 m / 118,2		
9.	Janne Ahonen	FIN	241,5
	124,0 m / 119,2, 123,5 m / 122,3		
10.	Martin Schmitt	GER	240,4
	126,0 m / 127,3, 119,5 m / 113,1		
12.	Stephan Hocke	GER	236,9
	125,0 m / 123,5, 120,5 m / 113,4		
14.	Martin Höllwarth	AUT	233,3
	123,5 m / 122,3, 117,5 m / 111,0		
16.	Michael Uhrmann	GER	232,4
	124,0 m / 120,2, 119,0 m / 112,2		
21.	Andreas Widhölzl	AUT	222,6
	120,5 m / 114,9, 116,5 m / 107,7		
27.	Sylvain Freiholz	SUI	205,8
	118,0 m / 110,4, 110,5 m / 95,4		
45.	Marco Steinauer	SUI	87,2
	106,5 m / 87,2		

Reihenfolge: Gesamtpunktzahl
1. Sprung/Punkte, 2. Sprung/Punkte

Weltmeisters hatte im letzten Sprung der ganze Druck gelastet. »Die Sekunden bis zum Aufleuchten des Resultats möchte ich nicht nochmal erleben,« sagte Schmitt.
Bundestrainer Heß verzog sich erst einmal in eine ruhige Ecke: »Dieses Springen ist mir am stärksten von allen in meiner Trainerkarriere an die Nieren gegangen. Ich wollte diese Goldmedaille unbedingt gewinnen, weil sie uns zustand. Vor allem nach dem Sturzpech von Hannawald, das Silber von der Großschanze gekostet hatte.«
Mit dem dritten Team-Triumph in Folge nach den WM-Titeln 1999 und 2001 wurde das Medaillen-Ziel von zwei Plaketten bei den Winterspielen erfüllt. An beiden Erfolgen war Sven Hannawald beteiligt. Trotz Silber von der Normalschanze stand der Gewinner der Vierschanzentournee nach dem Teamspringen etwas in Schmitts Schatten. Gehandicapt durch eine Verhärtung des rechten Schienbeinmuskels konnte der fitgespritzte Hannawald nicht seine Top-Form zeigen, aber die Kollegen sprangen diesmal für ihn in die Bresche: »Es ist sensationell, mit zwei Medaillen nach Hause zu kommen.«
Hannawald hatte nach seinem zweiten Platz auf der kleinen Schanze im zweiten Wettbewerb auf der Großschanze den schon zum Auftakt mit 1,5 Punkten oder 75 cm siegreichen Simon Ammann »mit Gewalt« noch abfangen wollen und war dabei gestürzt. Die Medaillen gingen an den Polen Adam Malysz, der schon auf der kleinen Schanze Bronze geholt hatte, und den Finnen Matti Hautamäki.

»Nun zieht endlich die Noten.« – Martin Schmitt wartet angespannt nach dem letzten und alles entscheidenden Sprung auf die Wertung.

Chefsache – Erst wenn Bundestrainer Reinhard Heß die Fahne gesenkt hat, stürzen sich seine Schützlinge mit Geschwindigkeiten von fast 100 km/h die Sprungschanze hinunter.

Die Vorgänger von Simon Amman, Sven Hannawald und Martin Schmitt waren norwegische Studenten, die im 19. Jahrhundert im französischen Chamonix Scheunendächer als improvisierte Schanzen nutzten. Ein Leutnant namens Olaf Rye stellte 1808 von einem künstlichen Schneehügel den ersten »Weltrekord« auf: 9,5 Meter. 183 Jahre später wird dieser mit 225 Meter von dem Österreicher Andreas Goldberger gehalten. Holz-Ski und Strickmütze sind superleichten Karbon-Latten, Hightech-Anzügen und ebenso windschnittigen Helmen gewichen. Der heute übliche V-Stil ist zehn Jahre nach der Erfindung durch den Schweden Jan Boklöv praktisch auch schon ein »alter Hut«.

STATISTIK

Springen, 120-m-Schanze, Team

18.2.2002, Utah Olympic Park

1. Deutschland GER 974,1
   Sven Hannawald 123,0+120,5 m/238,8 P
   Stephan Hocke 118,5+119,5 m/222,9 P
   Michael Uhrmann 128,0+125,0 m/253,4 P
   Martin Schmitt 131,5+123,5 m/259,0 P
2. Finnland FIN 974,0
   Matti Hautamäki 126,0+125,0 m/249,3 P
   Veli-Matti Lindström 115,0+116,5 m/212,7 P
   Risto Jussilainen 124,5+126,0 m/251,4 P
   Janne Ahonen 129,0+125,5 m/260,6 P
3. Slowenien SLO 946,3
   Damjan Fras 120,0+113,0 m/210,4 P
   Primoz Peterka 118,5+121,5 m/231,5 P
   Robert Kranjec 133,0+124,5 m/264,5 P
   Peter Zonta 121,5+124,0 m/239,9 P
4. Österreich AUT 926,8
   Stefan Horngacher 121,0+115,5 m/221,7 P
   Andreas Widhölzl 120,0+117,0 m/224,1 P
   Wolfgang Loitzl 123,0+122,5 m/239,9 P
   Martin Höllwarth 121,5+123,0 m/241,1 P
5. Japan JPN 926,0
   Masahiko Harada 119,5+114,5 m/219,7 P
   Hiroki Yamada 111,0+117,5 m/206,8 P
   Hideharu Miyahira 125,5+124,5 m/244,5 P
   Kazuyoshi Funaki 126,5+126,0 m/255,0 P
6. Polen POL 848,1
   Robert Mateja 114,5+106,0 m/191,4 P
   Tomislaw Tajner 109,0+109,5 m/183,3 P
   Tomasz Pochwala 117,0+118,5 m/218,4 P
   Adam Malysz 128,5+124,0 m/255,0 P
7. Schweiz SUI 818,3
   Marco Steinauer 99,5+96,0 m/140,4 P
   Sylvain Freiholz 109,0+102,5 m/171,7 P
   Andreas Küttel 121,5+121,5 m/236,4 P
   Simon Ammann 128,5+130,0 m/269,8 P
8. Südkorea KOR 801,6
9. Norwegen NOR 790,8
10. Frankreich FRA 755,1

Reihenfolge: Gesamtpunktzahl
1.Sprung+2. Sprung/Gesamtpunkte

Vierschanzen-tournee-Triumphator Sven Hannawald (links) gratuliert dem Schweizer Kantonsschüler Simon Ammann zum Überraschungssieg von der Normalschanze.

BLICKPUNKT

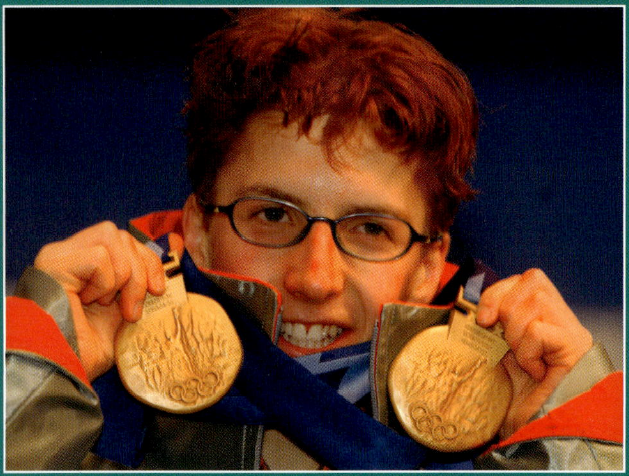

»Harry Potter« im Doppelpack

Selbst die Mutter von Simon Ammann konnte es nicht fassen. »Was, schon wieder?«, fragte sie aus der fernen Schweiz fast entsetzt, als ihr Sohn kurz nach dem finalen Sprung brav von seinem zweiten Olympiasieg berichtete. Die Eltern hatten – wie schon beim Überraschungserfolg auf der Normalschanze – den Triumph auf der Großschanze vor einer Großbild-Leinwand in der Turnhalle daheim in Unterwasser miterlebt – weil sie keinen Fernseher haben.

Genauso bescheiden ist der 20 Jahre alte Kantonsschüler, der als zweiter Skispringer der Geschichte – nach dem Finnen Matti Nykänen 1988 – beide Einzel-Goldmedaillen abräumte. »Berühmt zu sein, das ist schon eine schwere Sache«, hat Ammann schnell erkannt. Bei der Siegerehrung ballte der nur 1,71 Meter große Schweizer immer wieder die Faust – und wirkte dabei in dem viel zu weiten Silbermantel seines Teams wie das Double von »Harry Potter«.

Normalerweise trägt er wie der berühmte Zauberlehrling aus dem Roman eine Nickelbrille, bei seinen Flügen hat er mit Kontaktlinsen jedoch den besseren Durchblick. Er fährt gern Trecker, kann Kühe melken und ist ein Fan von Actionheld Bruce Willis. Ein schlimmer »Stunt« war kurioserweise auch der Grund für seinen wundersamen olympischen Aufstieg: Knapp vier Wochen vor dem Gewinn der beiden Goldmedaillen war er beim Weltcup in Willingen schwer gestürzt: »Dadurch hatte ich Ruhe und Zeit, mich auf Olympia vorzubereiten«, erzählt Ammann.

Vor diesem Winter gehörte er zum Skisprung-Mittelmaß, doch der Konditionstrainer von Olympique Marseille und sein Nationalcoach Bernie Schödler bauten ihn zum Sieg-Anwärter auf. Für den deutschen Bundestrainer Reinhard Heß immer noch ein Rätsel: »Er springt technisch nicht gut.«

In der kleinen Schweiz ist er längst ein Star. Der Erfolg zahlt sich auch finanziell aus, die Manager und Sponsoren stehen Schlange: »Wir haben ja zum Glück gute Banken in der Schweiz. Da muss ich mir keine großen Gedanken machen, was ich mit dem Geld anstelle.«

Auch auf der Großschanze gab »Swiss Air« Ammann den Favoriten Adam Malysz aus Polen (links) und dem Finnen Matti Hautamäki das Nachsehen.

Im verzweifelten Bemühen, mit einem Supersprung den Schweizer Bauernbub noch von der Spitze zu verdrängen, stürzte Sven Hannawald und musste sich mit Rang vier begnügen, 0,7 Punkte hinter den Medaillenrängen.

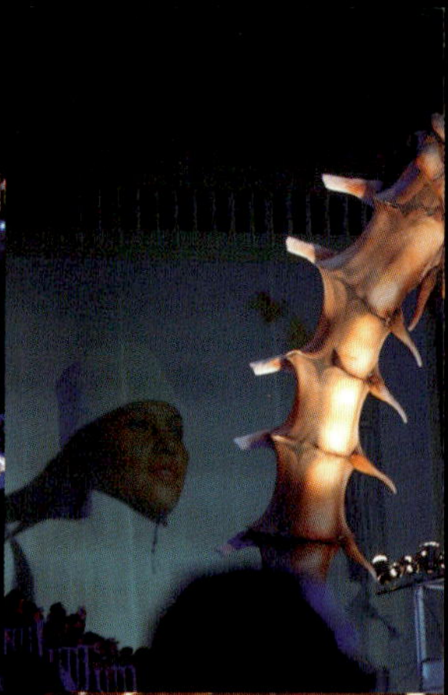

SALT LAKE 2002

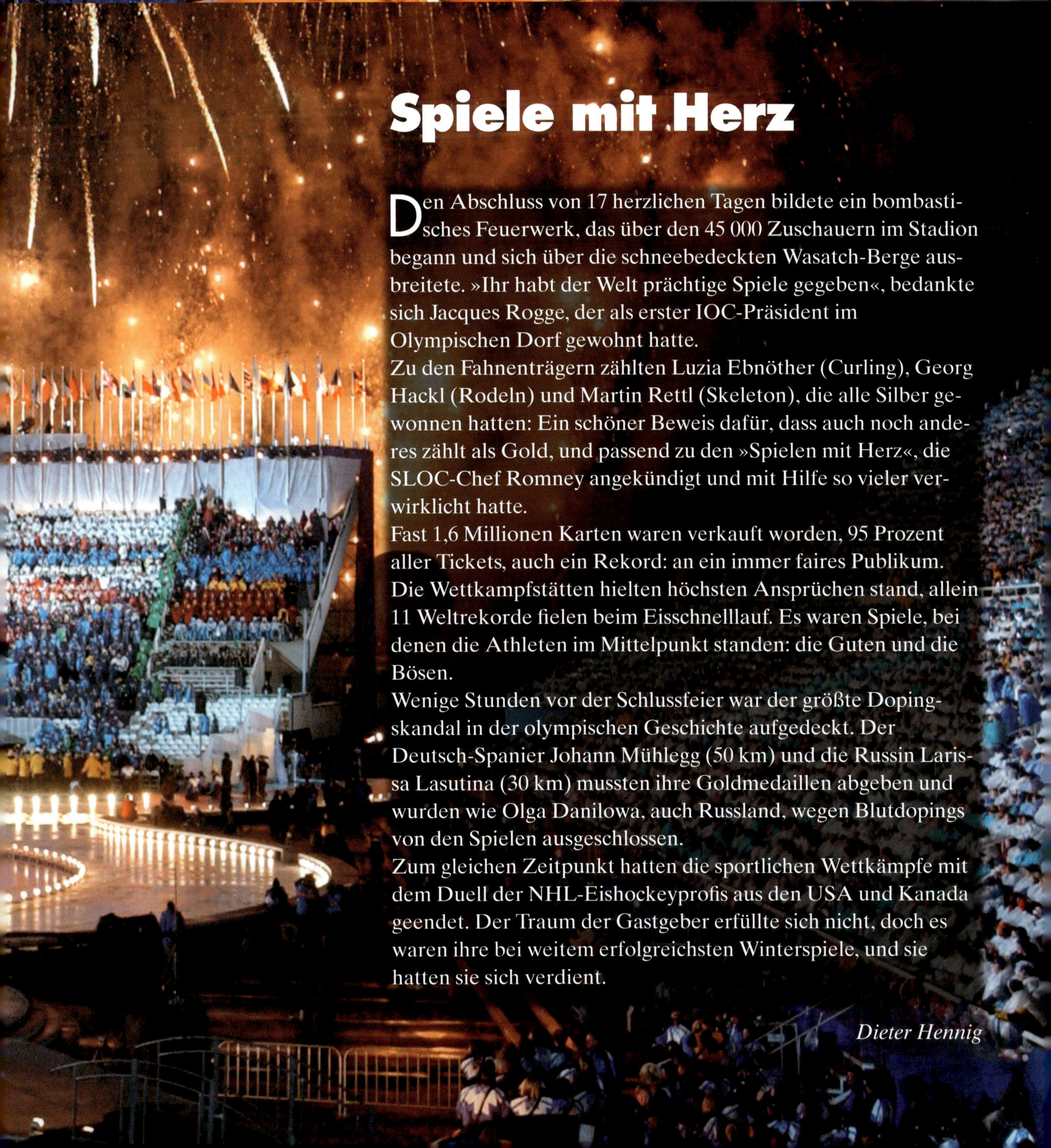

Spiele mit Herz

Den Abschluss von 17 herzlichen Tagen bildete ein bombastisches Feuerwerk, das über den 45 000 Zuschauern im Stadion begann und sich über die schneebedeckten Wasatch-Berge ausbreitete. »Ihr habt der Welt prächtige Spiele gegeben«, bedankte sich Jacques Rogge, der als erster IOC-Präsident im Olympischen Dorf gewohnt hatte.

Zu den Fahnenträgern zählten Luzia Ebnöther (Curling), Georg Hackl (Rodeln) und Martin Rettl (Skeleton), die alle Silber gewonnen hatten: Ein schöner Beweis dafür, dass auch noch anderes zählt als Gold, und passend zu den »Spielen mit Herz«, die SLOC-Chef Romney angekündigt und mit Hilfe so vieler verwirklicht hatte.

Fast 1,6 Millionen Karten waren verkauft worden, 95 Prozent aller Tickets, auch ein Rekord: an ein immer faires Publikum. Die Wettkampfstätten hielten höchsten Ansprüchen stand, allein 11 Weltrekorde fielen beim Eisschnelllauf. Es waren Spiele, bei denen die Athleten im Mittelpunkt standen: die Guten und die Bösen.

Wenige Stunden vor der Schlussfeier war der größte Dopingskandal in der olympischen Geschichte aufgedeckt. Der Deutsch-Spanier Johann Mühlegg (50 km) und die Russin Larissa Lasutina (30 km) mussten ihre Goldmedaillen abgeben und wurden wie Olga Danilowa, auch Russland, wegen Blutdopings von den Spielen ausgeschlossen.

Zum gleichen Zeitpunkt hatten die sportlichen Wettkämpfe mit dem Duell der NHL-Eishockeyprofis aus den USA und Kanada geendet. Der Traum der Gastgeber erfüllte sich nicht, doch es waren ihre bei weitem erfolgreichsten Winterspiele, und sie hatten sie sich verdient.

Dieter Hennig

ALLE MEDAILLEN SEIT 1924

• Berücksichtigt sind auch die olympischen Wettbewerbe im Eiskunstlauf und Eishockey, die im Rahmen der (Sommer-)Spiele von London 1908 und Antwerpen 1920 stattfanden.
• Generell entspricht die Reihenfolge Gold–Silber–Bronze. Jede Abweichung ist vermerkt.
• Die gesamtdeutschen Mannschaften 1956–1964 wurden unter GER geführt.

WINTERSPIELE 1924-2002

AUSTRAGUNGSORTE

I	1924	Chamonix	FRA
II	1928	St. Moritz	SUI
III	1932	Lake Placid	USA
IV	1936	Garmisch-Partenkirchen	GER
V	1948	St. Moritz	SUI
VI	1952	Oslo	NOR
VII	1956	Cortina d'Ampezzo	ITA
VIII	1960	Squaw Valley	USA
IX	1964	Innsbruck	AUT
X	1968	Grenoble	FRA
XI	1972	Sapporo	JPN
XII	1976	Innsbruck	AUT
XIII	1980	Lake Placid	USA
XIV	1984	Sarajevo	YUG
XV	1988	Calgary	CAN
XVI	1992	Albertville	FRA
XVII	1994	Lillehammer	NOR
XVIII	1998	Nagano	JPN
XIX	2002	Salt Lake City	USA
XX	2006	Turin	ITA

ALPINE WETTBEWERBE

Abfahrtslauf, Herren

1948	Henri Oreiller	FRA	2:55,00
	Franz Gabl	AUT	2:59,10
	3. Karl Molitor	SUI	3:00,30
	3. Rolf Olinger	SUI	3:00,30
1952	Zeno Colo	ITA	2:30,80
	Othmar Schneider	AUT	2:32,00
	Christian Pravda	AUT	2:32,40
1956	Toni Sailer	AUT	2:52,20
	Raymond Fellay	SUI	2:55,70
	Anderl Molterer	AUT	2:56,20
1960	Jean Vuarnet	FRA	2:06,00
	Hans-Peter Lanig	GER	2:06,50
	Guy Perilat	FRA	2:06,90
1964	Egon Zimmermann	AUT	2:18,16
	Leo Lacroix	FRA	2:18,90
	Wolfgang Bartels	GER	2:19,48
1968	Jean-Claude Killy	FRA	1:59,85
	Guy Perillat	FRA	1:59,93
	Jean-Daniel Dätwyler	SUI	2:00,32
1972	Bernhard Russi	SUI	1:51,43
	Roland Collombin	SUI	1:52,07
	Heinrich Messner	AUT	1:52,40
1976	Franz Klammer	AUT	1:45,73
	Bernhard Russi	SUI	1:46,06
	Herbert Plank	ITA	1:46,59
1980	Leonhard Stock	AUT	1:45,50
	Peter Wirnsberger	AUT	1:46,12
	Steve Podborski	CAN	1:46,62
1984	Bill D. Johnson	USA	1:45,59
	Peter Müller	SUI	1:45,86
	Anton Steiner	AUT	1:45,95
1988	Pirmin Zurbriggen	SUI	1:59,63
	Peter Müller	SUI	2:00,14
	Franck Piccard	FRA	2:01,24
1992	Patrick Ortlieb	AUT	1:50,37
	Franck Piccard	FRA	1:50,42
	Günther Mader	AUT	1:50,47
1994	Tommy Moe	USA	1:45,75
	Kjetil Andre Aamodt	NOR	1:45,79
	Edward Podivinsky	CAN	1:45,87
1998	Jean-Luc Cretier	FRA	1:50,11
	Lasse Kjus	NOR	1:50,51
	Hannes Trinkl	AUT	1:50,63
2002	Fritz Strobl	AUT	1:39,13
	Lasse Kjus	NOR	1:39,35
	Stephan Eberharter	AUT	1:39,41

Super-G, Herren

1988	Franck Piccard	FRA	1:39,66
	Helmut Mayer	AUT	1:40,96
	Lars-Börje Eriksson	SWE	1:41,08
1992	Kjetil Andre Aamodt	NOR	1:13,04
	Marc Girardelli	LUX	1:13,77
	Jan Einar Thorsen	NOR	1:13,83
1994	Markus Wasmeier	GER	1:32,53
	Tommy Moe	USA	1:32,61
	Kjetil Andre Aamodt	NOR	1:32,93
1998	Hermann Maier	AUT	1:34,82
	2. Didier Cuche	SUI	1:35,43
	2. Hans Knauss	AUT	1:35,43
2002	Kjetil Andre Aamodt	NOR	1:21,58
	Stephan Eberharter	AUT	1:21,68
	Andreas Schifferer	AUT	1:21,83

Riesenslalom, Herren

1952	Stein Eriksen	NOR	2:25,00
	Christian Pravda	AUT	2:26,90
	Anton Spiß	AUT	2:28,80
1956	Toni Sailer	AUT	3:00,10
	Anderl Molterer	AUT	3:06,30
	Walter Schuster	AUT	3:07,20
1960	Roger Staub	SUI	1:48,30
	Pepi Stiegler	AUT	1:48,70
	Ernst Hinterseer	AUT	1:49,10
1964	Francois Bonlieu	FRA	1:46,71
	Karl Schranz	AUT	1:47,09
	Pepi Stiegler	AUT	1:48,05
1968	Jean-Claude Killy	FRA	3:29,28
	Willy Favre	SUI	3:31,50
	Heinrich Messner	AUT	3:31,83
1972	Gustav Thöni	ITA	3:09,62
	Edmund Bruggmann	SUI	3:10,75
	Werner Mattle	SUI	3:10,99
1976	Heini Hemmi	SUI	3:26,97
	Ernst Good	SUI	3:27,17
	Ingemar Stenmark	SWE	3:27,41
1980	Ingemar Stenmark	SWE	2:40,74
	Andreas Wenzel	LIE	2:41,49
	Hans Enn	AUT	2:42,51
1984	Max Julen	SUI	2:41,18
	Jure Franko	YUG	2:41,41
	Andreas Wenzel	LIE	2:41,75
1988	Alberto Tomba	ITA	2:06,37
	Hubert Strolz	AUT	2:07,41
	Pirmin Zurbriggen	SUI	2:08,39
1992	Alberto Tomba	ITA	2:06,98
	Marc Girardelli	LUX	2:07,30
	Kjetil Andre Aamodt	NOR	2:07,82
1994	Markus Wasmeier	GER	2:52,46
	Urs Kälin	SUI	2:52,48
	Christian Mayer	AUT	2:52,58
1998	Hermann Maier	AUT	2:38,51
	Stephan Eberharter	AUT	2:39,36
	Michael von Grünigen	SUI	2:39,69
2002	Stephan Eberharter	AUT	2:23,28
	Bode Miller	USA	2:24,16
	Lasse Kjus	NOR	2:24,32

Slalom, Herren

1948	Edy Reinalter	SUI	130,30
	James Couttet	FRA	130,80
	Henri Orellier	FRA	132,80
1952	Othmar Schneider	AUT	120,00
	Stein Eriksen	NOR	121,20
	Guttorn Berge	NOR	121,70
1956	Toni Sailer	AUT	194,70
	Chiharu Igaya	JPN	198,70
	Stig Sollander	SWE	200,20
1960	Ernst Hinterseer	AUT	128,90
	Matthias Leitner	AUT	130,30
	Charles Bozon	FRA	130,40
1964	Pepi Stiegler	AUT	131,13
	William Kidd	USA	131,27
	James Heuga	USA	131,52
1968	Jean-Claude Killy	FRA	99,73
	Herbert Huber	AUT	99,82
	Alfred Matt	AUT	100,09
1972	Francisco F. Ochoa	ESP	109,27
	Gustav Thöni	ITA	110,28
	Roland Thöni	ITA	110,30
1976	Piero Gros	ITA	2:03,29
	Gustav Thöni	ITA	2:03,73
	Willi Frommelt	LIE	2:04,28
1980	Ingemar Stenmark	SWE	1:44,26
	Phil Mahre	USA	1:44,76
	Jacques Lüthy	SUI	1:45,06
1984	Phil Mahre	USA	1:39,41
	Steve Mahre	USA	1:39,62
	Didier Bouvet	FRA	1:40,20
1988	Alberto Tomba	ITA	1:39,47
	Frank Wörndl	FRG	1:39,53
	Paul Frommelt	LIE	1:39,84
1992	Finn-Christian Jagge	NOR	1:44,39
	Alberto Tomba	ITA	1:44,67
	Michael Tritscher	AUT	1:44,85
1994	Thomas Stangassinger	AUT	2:02,02
	Alberto Tomba	ITA	2:02,17
	Jure Kosir	SLO	2:02,53
1998	Hans-Petter Buraas	NOR	1:49,31
	Ole-Christian Furuseth	NOR	1:50,64
	Thomas Sykora	AUT	1:50,68
2002	Jean-Pierre Vidal	FRA	1:41,06
	Sebastien Amiez	FRA	1:41,82
	Alain Baxter	GBR	1:42,32

Alpine Kombination, Herren

1936	Franz Pfnür	GER	99,25
	Guzzi Lantschner	GER	96,26
	Emile Allais	FRA	94,69
1948	Henri Oreiller	FRA	3,27
	Karl Molitor	SUI	6,44
	James Couttet	FRA	6,95
1988	Hubert Strolz	AUT	36,55
	Bernhard Gstrein	AUT	43,45
	Paul Accola	SUI	48,24
1992	Josef Pollig	ITA	14,58
	Gianfranco Martin	ITA	14,90
	Steve Locher	SUI	18,16
1994	Lasse Kjus	NOR	3:17,53
	Kjetil Andre Aamodt	NOR	3:18,55
	Harald Nilsen	NOR	3:19,14
1998	Mario Reiter	AUT	3:08,06
	Lasse Kjus	NOR	3:08,65
	Christian Mayer	AUT	3:10,11
2002	Kjetil Andre Aamodt	NOR	3:17,56
	Bode Miller	USA	3:17,84
	Benjamin Raich	AUT	3:18,26

Abfahrtslauf, Damen

1948	Hedy Schlunegger	SUI	2:28,30
	Trude Beiser	AUT	2:29,10
	Resi Hammerer	AUT	2:30,20
1952	Trude Jochum-Beiser	AUT	1:47,10
	Mirl Buchner	GER	1:48,00
	Giuliana Minuzzo	ITA	1:49,00
1956	Madeleine Berthod	SUI	1:40,70
	Frieda Dänzer	SUI	1:45,40
	Lucile Wheeler	CAN	1:45,90
1960	Heidi Biebl	GER	1:37,60
	Penny Pitou	USA	1:38,60
	Traudl Hecher	AUT	1:38,90
1964	Christl Haas	AUT	1:55,39
	Edith Zimmermann	AUT	1:56,42
	Traudl Hecher	AUT	1:56,66
1968	Olga Pall	AUT	1:40,87
	Isabelle Mir	FRA	1:41,33
	Christl Haas	AUT	1:41,41
1972	Marie-Therese Nadig	SUI	1:36,68
	Annemarie Pröll	AUT	1:37,00
	Susan Corrock	USA	1:37,68
1976	Rosi Mittermaier	FRG	1:46,16
	Brigitte Totschnig	AUT	1:46,68
	Cynthia Nelson	USA	1:47,50
1980	Annemarie Moser-Pröll	AUT	1:37,52
	Hanni Wenzel	LIE	1:38,22
	Marie-Therese Nadig	SUI	1:38,36
1984	Michaela Figini	SUI	1:13,36
	Maria Walliser	SUI	1:13,41
	Olga Charvatova	TCH	1:13,53
1988	Marina Kiehl	FRG	1:25,86
	Brigitte Oertli	SUI	1:26,61
	Karen Percy	CAN	1:26,62
1992	Kerrin Lee-Gartner	CAN	1:52,55
	Hilary Lindh	USA	1:52,61
	Veronika Wallinger	AUT	1:52,64
1994	Katja Seizinger	GER	1:35,93
	Picabo Street	USA	1:36,59
	Isolde Kostner	ITA	1:36,85
1998	Katja Seizinger	GER	1:28,89
	Pernilla Wiberg	SWE	1:29,18
	Florence Masnada	FRA	1:29,37
2002	Carole Montillet	FRA	1:39,56
	Isolde Kostner	ITA	1:40,01
	Renate Götschl	AUT	1:40,39

Super-G, Damen

1988	Sigrid Wolf	AUT	1:19,03
	Michaela Figini	SUI	1:20,03
	Karen Percy	CAN	1:20,29
1992	Deborah Compagnoni	ITA	1:21,22
	Carole Merle	FRA	1:22,63
	Katja Seizinger	GER	1:23,19
1994	Diann Roffe	USA	1:22,15
	Swetlana Gladischewa	RUS	1:22,44
	Isolde Kostner	ITA	1:22,45
1998	Picabo Street	USA	1:18,02
	Michaela Dorfmeister	AUT	1:18,03
	Alexandra Meißnitzer	AUT	1:18,09
2002	Daniela Ceccarelli	ITA	1:13,59
	Janica Kostelic	CRO	1:13,64
	Karen Putzer	ITA	1:13,86

Riesenslalom, Damen

1952	Andrea Lawrence Mead	USA	2:06,80
	Dagmar Rom	AUT	2:09,00
	Mirl Buchner	GER	2:10,00
1956	Ossi Reichert	GER	1:56,50
	Josefine Frandl	AUT	1:57,80
	Dorothea Hochleitner	AUT	1:58,20
1960	Yvonne Rüegg	SUI	1:38,90
	Penny Pitou	USA	1:40,00
	G. Chenal-Minuzzo	ITA	1:40,20
1964	Marielle Goitschel	FRA	1:52,24
	2. Christine Goitschel	FRA	1:53,11
	2. Jean M. Saubert	USA	1:53,11
1968	Nancy Greene	CAN	1:51,97
	Annie Famose	FRA	1:54,61
	Fernande Bochatay	SUI	1:54,74
1972	Marie-Therese Nadig	SUI	1:29,90
	Annemarie Pröll	AUT	1:30,75
	Wiltrud Drexel	AUT	1:32,35
1976	Kathy Kreiner	CAN	1:29,13
	Rosi Mittermaier	FRG	1:29,25
	Danielle Debernard	FRA	1:29,95
1980	Hanni Wenzel	LIE	2:41,66
	Irene Epple	FRG	2:42,12
	Perrine Pelen	FRA	2:42,41
1984	Debbie Armstrong	USA	2:20,98
	Christin Cooper	USA	2:21,38
	Perrine Pelen	FRA	2:21,40
1988	Vreni Schneider	SUI	2:06,49
	Chr. Kinshofer-Güthlein	FRG	2:07,42
	Maria Walliser	SUI	2:07,72
1992	Pernilla Wiberg	SWE	2:12,74
	2. Anita Wachter	AUT	2:13,71
	2. Diann Roffe	USA	2:13,71
1994	Deborah Compagnoni	ITA	2:30,97
	Martina Ertl	GER	2:32,19
	Vreni Schneider	SUI	2:32,97
1998	Deborah Compagnoni	ITA	2:50,59
	Alexandra Meißnitzer	AUT	2:52,39
	Katja Seizinger	GER	2:52,61
2002	Janica Kostelic	CRO	2:30,01
	Anja Paerson	SWE	2:31,33
	Sonja Nef	SUI	2:31,67

Slalom, Damen

1948	Gretchen Frazer	USA	117,20
	Antoinette Meyer	SUI	117,70
	Erika Mahringer	AUT	118,00
1952	Andrea Lawrence Mead	USA	130,60
	Ossi Reichert	GER	131,40
	Mirl Buchner	GER	133,30
1956	Renée Colliard	SUI	112,30
	Regina Schöpf	AUT	115,40
	Jewgenia Sidorowa	URS	116,70
1960	Anne Heggtveit	CAN	109,60
	Betsy Snite	USA	112,90
	Barbara Henneberger	GER	116,60

1964	Christine Goitschel	FRA	89,86
	Marielle Goitschel	FRA	90,77
	Jean Marlene Saubert	USA	91,36
1968	Marielle Goitschel	FRA	85,86
	Nancy Greene	CAN	86,15
	Annie Famose	FRA	87,89
1972	Barbara Cochran	USA	91,24
	Danielle Debernard	FRA	91,26
	Florence Steurer	FRA	92,69
1976	Rosi Mittermaier	FRG	1:30,54
	Claudia Giordani	ITA	1:30,87
	Hanni Wenzel	LIE	1:32,20
1980	Hanni Wenzel	LIE	1:25,09
	Christa Kinshofer	FRG	1:26,50
	Erika Hess	SUI	1:27,89
1984	Paoletta Magoni	ITA	1:36,47
	Perrine Pelen	FRA	1:37,38
	Ursula Konzett	LIE	1:37,50
1988	Vreni Schneider	SUI	1:36,69
	Mateja Svet	YUG	1:38,37
	Chr. Kinshofer-Güthlein	FRG	1:38,40
1992	Petra Kronberger	AUT	1:32,68
	Annelise Coberger	NZL	1:33,10
	Blanca Fernandez Ochoa	ESP	1:33,35
1994	Vreni Schneider	SUI	1:56,01
	Elfi Eder	AUT	1:56,35
	Katja Koren	SLO	1:56,61
1998	Hilde Gerg	GER	1:32,40
	Deborah Compagnoni	ITA	1:32,46
	Zali Steggall	AUS	1:32,67
2002	Janica Kostelic	CRO	1:46,10
	Laure Pequegnot	FRA	1:46,17
	Anja Paerson	SWE	1:47,09

Alpine Kombination, Damen

1936	Christl Cranz	GER	97,06
	Käthe Grasegger	GER	95,26
	Laila Schou Nilsen	NOR	93,48
1948	Trude Beiser	AUT	6,58
	Gretchen Frazer	USA	6,95
	Erika Mahringer	AUT	7,04
1988	Anita Wachter	AUT	29,25
	Brigitte Oertli	SUI	29,48
	Maria Walliser	SUI	51,28
1992	Petra Kronberger	AUT	2,55
	Anita Wachter	AUT	19,39
	Florence Masnada	FRA	21,38
1994	Pernilla Wiberg	SWE	3:05,16
	Vreni Schneider	SUI	3:05,29
	Alenka Dovzan	SLO	3:06,64
1998	Katja Seizinger	GER	2:40,74
	Martina Ertl	GER	2:40,92
	Hilde Gerg	GER	2:41,50
2002	Janica Kostelic	CRO	2:43,28
	Renate Götschl	AUT	2:44,77
	Martina Ertl	GER	2:45,16

Freestyle, Buckelpiste, Herren

1992	Edgar Gospiron	FRA	25,81
	Olivier Allamand	FRA	24,87
	Nelson Carmichael	USA	24,82
1994	Jean-Luc Brassard	CAN	27,24
	Sergej Schupletsow	RUS	26,90
	Edgar Grospiron	FRA	26,64
1998	Jonny Moseley	USA	26,93
	Janne Lahtela	FIN	26,00
	Sami Mustonen	FIN	25,76
2002	Janne Lahtela	FIN	27,97
	Travis Mayer	USA	27,59
	Richard Gay	FRA	26,91

Freestyle, Buckelpiste, Damen

1992	Donna Weinbrecht	USA	23,69
	Elizabeta Kojewnikowa	EUN	23,50
	Stine Lise Hattestad	NOR	23,04
1994	Stine Lise Hattestad	NOR	25,97
	Elizabeth McIntyre	USA	25,89
	Elizabeta Kojewnikowa	RUS	25,81
1998	Tae Satoya	JPN	25,06
	Tatjana Mittermayer	GER	24,62
	Kari Traa	NOR	24,09
2002	Kari Traa	NOR	25,94
	Shannon Bahrke	USA	25,06
	Tae Satoya	JPN	24,85

Freestyle, Springen, Herren

1994	Andreas Schönbächler	SUI	234,67
	Philippe Laroche	CAN	228,63
	Lloyd Langlois	CAN	222,44
1998	Eric Bergoust	USA	255,64
	Sebastien Foucras	FRA	248,79
	Dimitri Daschtschinski	BLR	240,79
2002	Ales Valenta	CZE	257,02
	Joe Pack	USA	251,64
	Alexej Gritschin	BLR	251,19

Freestyle, Springen, Damen

1994	Lina Tscherjasowa	UZB	166,84
	Marie Lindgren	SWE	165,88
	Hilde Synnöve Lid	NOR	164,13
1998	Nikki Stone	USA	193,00
	Nannan Xu	CHN	186,97
	Colette Brand	SUI	171,83
2002	Alisa Camplin	AUS	193,47
	Veronica Brenner	CAN	190,02
	Deidra Dionne	CAN	189,26

Snowboard, Halfpipe, Herren

1998	Gian Simmen	SUI	85,2
	Daniel Franck	NOR	82,4
	Ross Powers	USA	82,1
2002	Ross Powers	USA	46,1
	Danny Kass	USA	42,5
	Jarret Thomas	USA	42,1

Snowboard, Halfpipe, Damen

1998	Nicola Thost	GER	74,6
	Stine Kjeldaas	NOR	74,2
	Shannon Dunn	USA	72,8
2002	Kelly Clark	USA	47,9
	Doriane Vidal	FRA	43,0
	Fabienne Reuteler	SUI	39,7

Snowboard, Riesenslalom, Herren

1998	Ross Rebagliati	CAN	2:03,96
	Thomas Prugger	ITA	2:03,98
	Ueli Kestenholz	SUI	2:04,08
Parallel-Riesenslalom			
2002	Philipp Schoch	SUI	
	Richard Richardsson	SWE	
	Chris Klug	USA	

Snowboard, Riesenslalom, Damen

1998	Karine Ruby	FRA	2:17,34
	Heidi Renoth	GER	2:19,17
	Brigitte Köck	AUT	2:19,42
Parallel-Riesenslalom			
2002	Isabelle Blanc	FRA	
	Karine Ruby	FRA	
	Lidia Trettel	ITA	

BOB/RODELN/SKELETON

Zweierbob, Herren

1932	H. Stevens/C. Stevens	USA	8:14,74
	Capadrutt/Geier	SUI	8:16,28
	Heaton/Minton	USA	8:29,15
1936	Brown/Washbond	USA	5:29,29
	Feierabend/Beerli	SUI	5:30,64
	Colgate/Lawrence	USA	5:33,96
1948	Endrich/Waller	SUI	5:29,20
	Feierabend/Eberhard	SUI	5:30,40
	Fortune/Carron	USA	5:35,30
1952	Ostler/Nieberl	GER	5:24,54
	Benham/Martin	USA	5:26,89
	Feierabend/Waser	SUI	5:27,71
1956	Dalla Costa/Conti	ITA	5:30,14
	Monti/Alvera	ITA	5:31,45
	Angst/Warburton	SUI	5:37,46
1964	Nash/Dixon	GBR	4:21,90
	Zardini/Bonagura	ITA	4:22,02
	Monti/Siorpaes	ITA	4:22,63
1968	Monti/De Paolis	ITA	4:41,54
	2. Floth/Bader	FRG	4:41,54
	Panturu/Neagoe	ROM	4:44,46
1972	Zimmerer/Utzschneider	FRG	4:57,07
	Floth/Bader	FRG	4:58,84
	Wicki/Hubacher	SUI	4:59,33
1976	Nehmer/Germeshausen	GDR	3:44,42
	Zimmerer/Schumann	FRG	3:44,99
	Schärer/Benz	SUI	3:45,70
1980	Schärer/Benz	SUI	4:09,36
	Germeshausen/Gerhardt	GDR	4:10,93
	Nehmer/Musiol	GDR	4:11,08
1984	Hoppe/Schauerhammer	GDR	3:25,56
	Lehmann/Musiol	GDR	3:26,04
	Ekmanis/Alexandrow	URS	3:26,16
1988	Kipurs/Kozlow	URS	3:53,48
	Hoppe/Musiol	GDR	3:54,19
	Lehmann/Hoyer	GDR	3:54,64
1992	Weder/D. Acklin	SUI	4:03,26
	Lochner/Zimmermann	GER	4:03,55
	Langen/Eger	GER	4:03,63
1994	Weder/D.Acklin	SUI	3:30,81
	Götschi/G.Acklin	SUI	3:30,86
	G.Huber/Ticci	ITA	3:31,01
1998	1. G. Huber/Tartaglia	ITA	3:37,24
	1. Lueders/MacEachern	CAN	3:37,24
	Langen/Zimmermann	GER	3:37,89
2002	Langen/Zimmermann	GER	3:10,11
	Reich/Anderhub	SUI	3:10,20
	Annen/Hefti	SUI	3:10,62

Glückwunsch: »Silber-Prokoff« gratuliert »Bronze-Erdmann«.

Viererbob (nur Piloten)

1924	Eduard Scherrer	SUI	5:45,54
	Ralph E. Broome	GBR	5:48,83
	Charles Mulder	BEL	6:02,29
1928	William Fiske	USA	3:20,50
	Jennison Heaton	USA	3:21,00
	Hanns Kilian	GER	3:21,90
1932	William Fiske	USA	7:53,68
	Henry Homburger	USA	7:55,70
	Hanns Kilian	GER	8:00,04
1936	Pierre Musy	SUI	5:19,85
	Reto Capadrutt	SUI	5:22,73
	Frederic McEvoy	GBR	5:23,41
1948	Francis Tyler	USA	5:20,10
	Max Houben	BEL	5:21,30
	James Bickford	USA	5:21,50
1952	Anderl Ostler	GER	5:07,84
	Stanley Benham	USA	5:10,48
	Fritz Feierabend	SUI	5:11,70
1956	Franz Kapus	SUI	5:10,44
	Eugenio Monti	ITA	5:12,10
	Arthur Tyler	USA	5:12,39
1964	Victor Emery	CAN	4:14,46
	Erwin Thaler	AUT	4:15,48
	Eugenio Monti	ITA	4:15,60
1968	Eugenio Monti	ITA	2:17,39
	Erwin Thaler	AUT	2:17,48
	Jean Wicki	SUI	2:18,04
1972	Jean Wicki	SUI	4:43,07
	Nevio De Zordo	ITA	4:43,83
	Wolfgang Zimmerer	FRG	4:43,92
1976	Meinhard Nehmer	GDR	3:40,43
	Erich Schärer	SUI	3:40,89
	Wolfgang Zimmerer	FRG	3:41,37
1980	Meinhard Nehmer	GDR	3:59,92
	Erich Schärer	SUI	4:00,87
	Horst Schönau	GDR	4:00,97
1984	Wolfgang Hoppe	GDR	3:20,22
	Bernhard Lehmann	GDR	3:20,78
	Silvio Giobellina	SUI	3:21,39
1988	Ekkehard Fasser	SUI	3:47,51
	Wolfgang Hoppe	GDR	3:47,58
	Janis Kipurs	URS	3:48,26
1992	Ingo Appelt	AUT	3:53,90
	Wolfgang Hoppe	GER	3:53,92
	Gustav Weder	SUI	3:54,13
1994	Harald Czudaj	GER	3:27,78
	Gustav Weder	SUI	3:27,84
	Wolfgang Hoppe	GER	3:28,01
1998	Christoph Langen	GER	2:39,41
	Marcel Rohner	SUI	2:40,01
	3. Sean Olsson	GBR	2:40,06
	3. Bruno Mingeon	FRA	2:40,06
2002	André Lange	GER	3:07,51
	Todd Hays	USA	3:07,81
	Brian Shimer	USA	3:07,86

Zweierbob, Damen

2002	Bakken/Flowers	USA	1:37,76
	Prokoff/Holzner	GER	1:38,06
	Erdmann/Herschmann	GER	1:38,29

Skeleton, Herren

1928	Jennison Heaton	USA	3:01,8
	John Heaton	USA	3:02,8
	David Earl Northesk	GBR	3:05,1
1948	Nino Bibbia	ITA	5:23,2
	John Heaton	USA	5:24,6
	John Crammond	GBR	5:25,1
2002	Jim Shea	USA	1:41,96
	Martin Rettl	AUT	1:42,01
	Gregor Stähli	SUI	1:42,15

Skeleton, Damen

2002	Tristan Gale	USA	1:45,11
	Lea Ann Parsley	USA	1:45,21
	Alex Coomber	GBR	1:45,37

Rodeln, Einsitzer, Herren

1964	Thomas Köhler	GER	3:26,770
	Klaus Bonsack	GER	3:27,040
	Hans Plenk	GER	3:30,150
1968	Manfred Schmid	AUT	2:52,480
	Thomas Köhler	GDR	2:52,660
	Klaus Bonsack	GDR	2:53,330
1972	Wolfgang Scheidel	GDR	3:27,580
	Harald Ehrig	GDR	3:28,390
	Wolfram Fiedler	GDR	3:28,730
1976	Dettlef Günther	GDR	3:27,688
	Josef Fendt	FRG	3:28,196
	Hans Rinn	GDR	3:28,574
1980	Bernhard Glass	GDR	2:54,796
	Paul Hildgartner	ITA	2:55,372
	Anton Winkler	FRG	2:56,544
1984	Paul Hildgartner	ITA	3:04,258
	Sergej Danilin	URS	3:04,962
	Waleri Dudin	URS	3:05,012
1988	Jens Müller	GDR	3:05,548
	Georg Hackl	FRG	3:05,916
	Juri Schartschenko	URS	3:06,274
1992	Georg Hackl	GER	3:02,363
	Markus Prock	AUT	3:02,669
	Markus Schmidt	AUT	3:02,942
1994	Georg Hackl	GER	3:21,571
	Markus Prock	AUT	3:21,584
	Armin Zöggeler	ITA	3:21,833
1998	Georg Hackl	GER	3:18,436
	Armin Zöggeler	ITA	3:18,939
	Jens Müller	GER	3:19,093
2002	Armin Zöggeler	ITA	2:57,941
	Georg Hackl	GER	2:58,270
	Markus Prock	AUT	2:58,283

Rodeln, Doppelsitzer, Herren

1964	Feistmantl/Stengl	AUT	1:41,620
	Senn/Thaler	AUT	1:41,910
	Aussendorfer/Mair	ITA	1:42,870
1968	Bonsack/Köhler	GDR	1:35,850
	Schmid/Walch	AUT	1:36,340
	Winkler/Nachmann	FRG	1:37,290

1972	Hörnlein/Bredow	GDR	1:28,350
	1. Hildgartner/Plaikner	ITA	1:28,350
	Bonsack/Fiedler	GDR	1:29,160
1976	Rinn/Hahn	GDR	1:25,604
	Brandner/Schwarm	FRG	1:25,889
	Schmid/Schachner	AUT	1:25,919
1980	Rinn/Hahn	GDR	1:19,331
	Schnitzer/Brunner	ITA	1:19,606
	Fluckinger/Schrott	AUT	1:19,795
1984	Stangassinger/Wembacher	FRG	1:23,620
	Beloussow/Beljakow	URS	1:23,660
	Hoffmann/Pietzsch	GDR	1:23,887
1988	Hoffmann/Pietzsch	GDR	1:31,940
	Krauße/Behrendt	GDR	1:32,039
	Schwab/Staudinger	FRG	1:32,274
1992	Krauße/Behrendt	GER	1:32,053
	Mankel/Rudolph	GER	1:32,239
	Raffl/N.Huber	ITA	1:32,298
1994	Brugger/W.Huber	ITA	1:36,720
	Raffl/N.Huber	ITA	1:36,769
	Krauße/Behrendt	GER	1:36,945
1998	Krauße/Behrendt	GER	1:41,105
	Thorpe/Sheer	USA	1:41,127
	Grimmette/Martin	USA	1:41,217
2002	Leitner/Resch	GER	1:26,082
	Grimmette/Martin	USA	1:26,216
	Thorpe/Ives	USA	1:26,220

Rodeln, Einsitzer, Damen

1964	Ortrun Enderlein	GER	3:24,670
	Ilse Geisler	GER	3:27,420
	Helene Thurner	AUT	3:29,060
1968	Erica Lechner	ITA	2:28,660
	Christa Schmuck	FRG	2:29,370
	Angelika Dünhaupt	FRG	2:29,660
1972	Anna-Maria Müller	GDR	2:59,180
	Ute Rührold	GDR	2:59,490
	Margit Schumann	GDR	2:59,540
1976	Margit Schumann	GDR	2:50,621
	Ute Rührold	GDR	2:50,846
	Elisabeth Demleitner	FRG	2:51,056
1980	Vera Sosulja	URS	2:36,537
	Melitta Sollmann	GDR	2:37,667
	Ingrida Amantowa	URS	2:37,817
1984	Steffi Martin	GDR	2:46,570
	Bettina Schmidt	GDR	2:46,873
	Ute Weiß	GDR	2:47,248
1988	Steffi Walter-Martin	GDR	3:03,973
	Ute Oberhoffner-Weiß	GDR	3:04,105
	Cerstin Schmidt	GDR	3:04,181
1992	Doris Neuner	AUT	3:06,696
	Angelika Neuner	AUT	3:06,769
	Susi Erdmann	GER	3:07,115
1994	Gerda Weissensteiner	ITA	3:15,517
	Susi Erdmann	GER	3:16,276
	Andrea Tagwerker	AUT	3:16,652
1998	Silke Kraushaar	GER	3:23,779
	Barbara Niedernhuber	GER	3:23,781
	Angelika Neuner	AUT	3:24,253
2002	Sylke Otto	GER	2:52,464
	Barbara Niedernhuber	GER	2:52,785
	Silke Kraushaar	GER	2:52,865

CURLING

Curling, Herren

1998	Schweiz	9:3
	Kanada	
	Norwegen	
2002	Norwegen	6:5
	Kanada	
	Schweiz	

Curling, Damen

1998	Kanada	7:5
	Dänemark	
	Schweden	
2002	Großbritannien	4:3
	Schweiz	
	Kanada	

EISHOCKEY

Eishockey, Herren

1920	Kanada	2:0
	USA	
	Tschechoslowakei	
1924	Kanada	47: 3/ 6 P.
	USA	32: 6/ 4 P.
	Großbritannien	6:33/ 2 P.
1928	Kanada	38: 0/ 6 P.
	Schweden	7:12/ 4 P.
	Schweiz	4:17/ 2 P.
1932	Kanada	32: 4/11 P.
	USA	27: 5/ 9 P.
	Deutschland	7:26/ 4 P.
1936	Großbritannien	7: 1/ 5 P.
	Kanada	9: 2/ 4 P.
	USA	2: 1/ 3 P.
1948	Kanada	69: 5/15 P.
	Tschechoslowakei	80:18/15 P.
	Schweiz	67:21/12 P.
1952	Kanada	71:14/15 P.
	USA	43:21/13 P.
	Schweden	48:19/12 P.
1956	UdSSR	25: 5/10 P.
	USA	26:12/ 8 P.
	Kanada	23:11/ 6 P.
1960	USA	29:11/10 P.
	Kanada	31:12/ 8 P.
	UdSSR	24:19/ 5 P.
1964	UdSSR	54:10/14 P.
	Schweden	47:16/10 P.
	Tschechoslowakei	38:19/10 P.
1968	UdSSR	48:10/12 P.
	Tschechoslowakei	33:17/11 P.
	Kanada	28:15/10 P.
1972	UdSSR	33:13/ 9 P.
	USA	18:15/ 8 P.
	Tschechoslowakei	26:13/ 6 P.
1976	UdSSR	40:11/10 P.
	Tschechoslowakei	17:10/ 6 P.
	BR Deutschland	21:24/ 4 P.
1980	USA	10: 7/5:1 P.
	UdSSR	16: 6/4:2 P.
	Schweden	7:14/2:4 P.
1984	UdSSR	16: 1/6:0 P.
	Tschechoslowakei	6: 2/4:2 P.
	Schweden	3:12/2:4 P.
1988	UdSSR	25: 7/8:2 P.
	Finnland	18:10/7:3 P.
	Schweden	15:16/6:4 P.
1992	EUN	3:1
	Kanada	
	Tschechoslowakei	
1994	Schweden	(3:2 PS) 2:2
	Kanada	
	Finnland	
1998	Tschechien	1:0
	Russland	
	Finnland	
2002	Kanada	5:2
	USA	
	Russland	

Eishockey, Damen

1998	USA	3:1
	Kanada	
	Finnland	
2002	Kanada	3:2
	USA	
	Schweden	

EISKUNSTLAUF

Spezialfiguren, Herren

1908	Nikolai Panin	RUS	5
	Arthur Cumming	GBR	10
	George Hall-Say	GBR	15

Eiskunstlauf, Herren

1908	Ulrich Salchow	SWE	7
	Richard Johansson	SWE	10
	Per Thoren	SWE	14
1920	Gillis Grafström	SWE	7
	Andreas Krogh	NOR	18
	Martin Stixrud	NOR	24,5
1924	Gillis Grafström	SWE	10
	Willy Böckl	AUT	13
	Georges Gautschi	SUI	23
1928	Gillis Grafström	SWE	12
	Willy Böckl	AUT	13
	Robert van Zeebroeck	BEL	27
1932	Karl Schäfer	AUT	9
	Gillis Grafström	SWE	13
	Montgomery Wilson	CAN	24
1936	Karl Schäfer	AUT	7
	Ernst Baier	GER	24
	Felix Kaspar	AUT	24
1948	Dick Button	USA	10
	Hans Gerschwiler	SUI	23
	Edi Rada	AUT	33
1952	Dick Button	USA	9
	Helmut Seibt	AUT	23
	James Grogan	USA	24
1956	Hayes Alan Jenkins	USA	13
	Ronald Robertson	USA	16
	David Jenkins	USA	27
1960	David Jenkins	USA	10
	Karol Divin	TCH	22
	Donald Jackson	CAN	31
1964	Manfred Schnelldorfer	GER	13
	Alain Calmat	FRA	22
	Scott Allen	USA	26
1968	Wolfgang Schwarz	AUT	13
	Timothy Wood	USA	17
	Patrick Pera	FRA	31
1972	Ondrej Nepela	TCH	9
	Sergej Tschetweruchin	URS	20
	Patrick Pera	FRA	28
1976	John Curry	GBR	11
	Wladimir Kowaljow	URS	28
	Toller Cranston	CAN	30
1980	Robin Cousins	GBR	13
	Jan Hoffmann	GDR	15
	Charles Tickner	USA	28
1984	Scott Hamilton	USA	3,4
	Brian Orser	CAN	5,6
	Jozef Sabovcik	TCH	7,4
1988	Brian Boitano	USA	3,0
	Brian Orser	CAN	4,2
	Viktor Petrenko	URS	7,8
1992	Viktor Petrenko	EUN	1,5
	Paul Wylie	USA	3,5
	Petr Barna	TCH	4,0
1994	Alexej Urmanow	RUS	1,5
	Elvis Stojko	CAN	3,0
	Philippe Candeloro	FRA	6,5
1998	Ilja Kulik	RUS	1,5
	Elvis Stojko	CAN	4,0
	Philippe Candeloro	FRA	4,5
2002	Alexej Jagudin	RUS	1,5
	Jewgeni Pluschenko	RUS	4,0
	Timothy Goebel	USA	4,5

Eiskunstlauf, Damen

1908	Magde Syers-Cave	GBR	5
	Elsa Rendschmidt	GER	11
	D. Greenhough-Smith	GBR	15
1920	Magda Julin-Mauroy	SWE	12
	Svea Noren	SWE	12,5
	Theresa Weld	USA	15,5
1924	Herma Planck-Szabo	AUT	7
	Beatrix Loughran	USA	14
	Ethel Muckelt	GBR	26
1928	Sonja Henie	NOR	8
	Fritzi Burger	AUT	25
	Beatrix Loughran	USA	28
1932	Sonja Henie	NOR	7
	Fritzi Burger	AUT	18
	Maribel Vinson	USA	23
1936	Sonja Henie	NOR	7,5
	Cecilia Colledge	GBR	13,5
	Vivi-Anne Hulten	SWE	28
1948	Barbara Ann Scott	CAN	11
	Eva Pawlik	AUT	24
	Jeanette Altwegg	GBR	28
1952	Jeanette Altwegg	GBR	14
	Tenley Albright	USA	22
	Jacqueline du Bief	FRA	24
1956	Tenley Albright	USA	12
	Carol Heiss	USA	21
	Ingrid Wendl	AUT	39
1960	Carol Heiss	USA	9
	Sjoukje Dijkstra	NED	20
	Barbara Ann Roles	USA	26
1964	Sjoukje Dijkstra	NED	9
	Regine Heitzer	AUT	22
	Petra Burka	CAN	25
1968	Peggy Flemming	USA	9
	Gaby Seyfert	GDR	18
	Hana Maskova	TCH	31
1972	Beatrix Schuba	AUT	9
	Karen Magnussen	CAN	23
	Janet Lynn	USA	27
1976	Dorothy Hamill	USA	9
	Dianne de Leeuw	NED	20
	Christine Errath	GDR	28
1980	Annett Pötzsch	GDR	11
	Linda Fratianne	USA	16
	Dagmar Lurz	FRG	28
1984	Katarina Witt	GDR	3,2
	Rosalyn Summers	USA	4,6
	Kira Iwanowa	URS	9,2
1988	Katarina Witt	GDR	4,2
	Elizabeth Manley	CAN	4,6
	Debi Thomas	USA	6,0
1992	Kristi Yamaguchi	USA	1,5
	Midori Ito	JPN	4,0
	Nancy Kerrigan	USA	4,0
1994	Oksana Bajul	UKR	2,0
	Nancy Kerrigan	USA	2,5
	Lu Chen	CHN	5,0
1998	Tara Lipinski	USA	2,0
	Michelle Kwan	USA	2,5
	Lu Chen	CHN	5,0
2002	Sarah Hughes	USA	3,0
	Irina Slutskaja	RUS	3,0
	Michelle Kwan	USA	3,5

Eiskunstlauf, Paare

1908	Hübler/Burger	GER	5
	Johnson/Johnson	GBR	11
	Syers/Syers	GBR	14
1920	Jakobsson/Jakobsson	FIN	7
	Bryn/Bryn	NOR	15,5
	Johnson/Williams	GBR	25
1924	Engelmann/Berger	AUT	9
	Jakobsson/Jakobsson	FIN	18,5
	Joly/Brunet	FRA	21
1928	Joly/Brunet	FRA	14
	Scholz/Kaiser	AUT	17
	Brunner/Wrede	AUT	29
1932	Brunet/Brunet	FRA	12
	Loughran/Badger	USA	16
	Rotter/Szollas	HUN	20
1936	Herber/Baier	GER	11
	Pausin/Pausin	AUT	19,5
	Rotter/Szollas	HUN	32,5
1948	Lannoy/Baugniet	BEL	17,5
	Kekesy/Kiraly	HUN	26
	Morrow/Distelmeyer	CAN	31
1952	Falk/Falk-Baran	GER	11,5
	Kennedy/Kennedy	USA	17,5
	Nagy/Nagy	HUN	31
1956	Schwarz/Oppelt	AUT	14
	Dafoe/Bowden	CAN	16
	Nagy/Nagy	HUN	32
1960	Wagner/Paul	CAN	7
	Kilius/Bäumler	GER	19
	Ludington/Ludington	USA	27,5
1964	Belousowa/Protopopow	URS	13
	Kilius/Bäumler	GER	15
	Wilkes/Revell	CAN	35,5
1968	Belousowa/Protopopow	URS	10
	Shuk/Gorelik	URS	17
	Glockshuber/Danne	FRG	30
1972	Rodnina/Ulanow	URS	12
	Smirnowa/Suraikin	URS	15
	Groß/Kagelmann	GDR	29
1976	Rodnina/Saizew	URS	9
	Kermer/Oesterreich	GDR	21
	Groß/Kagelmann	GDR	34
1980	Rodnina/Saizew	URS	9
	Tscherkassowa/Schachrai	URS	19
	Mager/Bewersdorff	GDR	33
1984	Walowa/Wassiljew	URS	1,4
	Carruthers/Carruthers	USA	2,8
	Selesnewa/Makarow	URS	3,8
1988	Gordejewa/Grinkow	URS	1,4
	Walowa/Wassiljew	URS	2,0
	Watson/Oppegard	USA	4,2
1992	Mischkutionok/Dimitriew	EUN	1,5
	Beschke/Petrow	EUN	3,0
	Brasseur/Eisler	CAN	4,5
1994	Gordejewa/Grinkow	RUS	1,5
	Mischkutionok/Dimitriew	RUS	3,0
	Brasseur/Eisler	CAN	4,5
1998	Kasakowa/Dimitriew	RUS	1,5
	Bereschnaja/Sicharulidse	RUS	3,5
	Wötzel/Steuer	GER	4,0
2002	1.Bereschnaja/Sicharulidse	RUS	
	1.Sale/Pelletier	CAN	
	Shen/Zhao	CHN	4,5

Eistanz

1976	Pachomowa/Gorschkow	URS	9
	Moissejewa/Minenkow	URS	20
	O'Connor/Millns	USA	27
1980	Linitschuk/Karponossow	URS	13
	Regöczy/Sallay	HUN	14
	Moissejewa/Minenkow	URS	27
1984	Torvill/Dean	GBR	2,0
	Bestemianowa/Bukin	URS	4,0
	Klimowa/Ponomarenko	URS	7,0
1988	Bestemianowa/Bukin	URS	2,0
	Klimowa/Ponomarenko	URS	4,0
	Wilson/McCall	CAN	6,0
1992	Klimowa/Ponomarenko	EUN	2,0
	Duchesnay/Duchesnay	FRA	4,4
	Usowa/Schulin	EUN	5,6

1994	Gritschuk/Platow	RUS	3,4
	Usowa/Schulin	RUS	3,8
	Torvill/Dean	GBR	4,8
1998	Gritschuk/Platow	RUS	2,0
	Krylowa/Owsjannikow	RUS	4,0
	Anissina/Peizerat	FRA	7,0
2002	Anissina/Peizerat	FRA	2,0
	Lobatschewa/Awerbuch	RUS	4,0
	Fusar-Poli/Margaglio	ITA	6,0

EISSCHNELLLAUFEN

Gleiche Zeiten = gleicher Medaillenrang

Mehrkampf Herren

1924	Clas Thunberg	FIN	5,5 P.
	Roald Larsen	NOR	9,5 P.
	Julius Skutnabb	FIN	11,0 P.

500 m, Herren

1924	Charles Jewtraw	USA	44,00
	Oskar Olsen	NOR	44,20
	Roald Larsen	NOR	44,80
	Clas Thunberg	FIN	44,80
1928	Clas Thunberg	FIN	43,40
	Bernt Evensen	NOR	43,40
	John O'Neil Farrell	USA	43,60
	Roald Larsen	NOR	43,60
	Jaakko Friman	FIN	43,60
1932	Jack A. Shea	USA	43,40
	Bernt Evensen	NOR	5 m0
	Alexander Hurd	CAN	8 m0
1936	Ivar Ballangrud	NOR	43,40
	Georg Krog	NOR	43,50
	Leo Freisinger	USA	44,00
1948	Finn Helgesen	NOR	43,10
	Kenneth Bartholomew	USA	43,20
	Thomas Byberg	NOR	43,20
	Robert Fitzgerald	USA	43,20
1952	Kenneth Henry	USA	43,20
	Donald McDermott	USA	43,90
	Arne Johansen	NOR	44,00
	Gordon Audley	CAN	44,00
1956	Jewgeni Grischin	URS	40,20
	Rafael Gratsch	URS	40,80
	Alv Gjestvang	NOR	41,00
1960	Jewgeni Grischin	URS	40,20
	William Disney	USA	40,30
	Rafael Gratsch	URS	40,40
1964	Richard McDermott	USA	40,10
	Jewgeni Grischin	URS	40,60
	Wladimir Orlow	URS	40,60
	Alv Gjestvang	NOR	40,60
1968	Erhard Keller	FRG	40,30
	Magne Thomassen	NOR	40,50
	Richard McDermott	USA	40,50
1972	Erhard Keller	FRG	39,44
	Hasse Börjes	SWE	39,69
	Waleri Muratow	URS	39,80
1976	Jewgeni Kulikow	URS	39,17
	Waleri Muratow	URS	39,25
	Daniel Immerfall	USA	39,54
1980	Eric Heiden	USA	38,03
	Jewgeni Kulikow	URS	38,37
	Lieuwe de Boer	NED	38,48
1984	Sergej Fokitschew	URS	38,19
	Yoshihiro Kitazawa	JPN	38,30
	Gaetan Boucher	CAN	38,39
1988	Uwe-Jens Mey	GDR	36,45
	Jan Ykema	NED	36,76
	Akira Kuroiwa	JPN	36,77
1992	Uwe-Jens Mey	GER	37,14
	Toshiyuki Kuroiwa	JPN	37,18
	Junichi Inoue	JPN	37,26
1994	Alexander Golubew	RUS	36,33
	Sergej Klewschenia	RUS	36,39
	Manabu Horii	JPN	36,53
1998	Hiroyasu Shimizu	JPN	1:11,35
	Jeremy Wotherspoon	CAN	1:11,84
	Kevin Overland	CAN	1:11,86
2002	Casey FitzRandolph	USA	1:09,23
	Hiroyasu Shimizu	JPN	1:09,26
	Kip Carpenter	USA	1:09,47

1000 m, Herren

1976	Peter Mueller	USA	1:19,32
	Jörn Didriksen	NOR	1:20,45
	Waleri Muratow	URS	1:20,57
1980	Eric Heiden	USA	1:15,18
	Gaetan Boucher	CAN	1:16,68
	Frode Rönning	NOR	1:16,91
	Wladimir Lobanow	URS	1:16,91
1984	Gaetan Boucher	CAN	1:15,80
	Sergej Schlebnikow	URS	1:16,63
	Kai Arne Engelstaad	NOR	1:16,75
1988	Nikolaj Guljajew	URS	1:13,03
	Uwe-Jens Mey	GDR	1:13,11
	Igor Schelesowski	URS	1:13,19
1992	Olaf Zinke	GER	1:14,85
	Yoon-Man Kim	KOR	1:14,86
	Yukinori Miyabe	JPN	1:14,92
1994	Dan Jansen	USA	1:12,13
	Igor Schelesowski	BLR	1:12,72
	Sergej Klewschenia	RUS	1:12,85
1998	Ids Postma	NED	1:10,64
	Jan Bos	NED	1:10,71
	Hiroyasu Shimizu	JPN	1:11,00
2002	Gerard van Velde	NED	1:07,18
	Jan Bos	NED	1:07,53
	Joey Cheek	USA	1:07,61

1500 m, Herren

1924	Clas Thunberg	FIN	2:20,80
	Roald Larsen	NOR	2:22,00
	Sigurd Moen	NOR	2:25,60
1928	Clas Thunberg	FIN	2:21,10
	Bernt Evensen	NOR	2:21,90
	Ivar Ballangrud	NOR	2:22,60
1932	Jack A. Shea	USA	2:57,50
	Alexander Hurd	CAN	5 m
	William Logan	CAN	6 m
1936	Charles Mathisen	NOR	2:19,20
	Ivar Ballangrud	NOR	2:20,20
	Birger Wasenius	FIN	2:20,90
1948	Sverre Farstad	NOR	2:17,60
	Ake Seyffarth	SWE	2:18,10
	Odd Lundberg	NOR	2:18,90
1952	Hjalmar Andersen	NOR	2:20,40
	Willem van der Voort	NED	2:20,60
	Roald Aas	NOR	2:21,60
1956	Jewgeni Grischin	URS	2:08,60
	Juri Michailow	URS	2:08,60
	Toivo Salonen	FIN	2:09,40
1960	Roald Aas	NOR	2:10,40
	Jewgeni Grischin	URS	2:10,40
	Boris Stenin	URS	2:11,50
1964	Ants Antson	URS	2:10,30
	Kees Verkerk	NED	2:10,60
	Villy Haugen	NOR	2:11,20
1968	Kees Verkerk	NED	2:03,40
	Ard Schenk	NED	2:05,00
	Ivar Eriksen	NOR	2:05,00
1972	Ard Schenk	NED	2:02,96
	Roar Grönvold	NOR	2:04,26
	Göran Classon	SWE	2:05,89
1976	Jan Egil Storholt	NOR	1:59,38
	Juri Kondakow	URS	1:59,97
	Hans van Helden	NED	2:00,87
1980	Eric Heiden	USA	1:55,44
	Arne Kai Stenshjemmet	NOR	1:56,81
	Terje Andersen	NOR	1:56,92
1984	Gaetan Boucher	CAN	1:58,36
	Sergej Schlebnikow	URS	1:58,83
	Oleg Bogjew	URS	1:58,89
1988	Andre Hoffmann	GDR	1:52,06
	Erik Flaim	USA	1:52,12
	Michael Hadschieff	AUT	1:52,31
1992	Johann Olav Koss	NOR	1:54,81
	Adne Soendral	NOR	1:54,85
	Leo Visser	NED	1:54,90
1994	Johann Olav Koss	NOR	1:51,29
	Rintje Ritsma	NED	1:51,99
	Falko Zandstra	NED	1:52,38
1998	Adne Söndral	NOR	1:47,87
	Ids Postma	NED	1:48,13
	Rintje Ritsma	NED	1:48,52
2002	Derek Parra	USA	1:43,95
	Jochem Uytdehaage	NED	1:44,57
	Adne Söndral	NOR	1:45,26

Mit Schwung dem Gold entgegen: 1500-m-Sieger Derek Parra.

5000 m, Herren

1924	Clas Thunberg	FIN	8:39,00
	Julius Skutnabb	FIN	8:48,40
	Roald Larsen	NOR	8:50,20
1928	Ivar Ballangrud	NOR	8:50,50
	Julius Skutnabb	FIN	8:59,10
	Bernt Evensen	NOR	9:01,10
1932	Irving Jaffee	USA	8:40,80
	Edward Murphy	USA	2 m
	William Logan	CAN	4 m
1936	Ivar Ballangrud	NOR	8:19,60
	Birger Wasenius	FIN	8:23,30
	Antero Ojala	FIN	8:30,10
1948	Reidar Liaklev	NOR	8:29,40
	Odd Lundberg	NOR	8:32,70
	Göthe Hedlund	SWE	8:34,80
1952	Hjalmar Andersen	NOR	8:10,80
	Cornelis Broekman	NED	8:21,60
	Sverre Haugli	NOR	8:22,40
1956	Boris Schilkow	URS	7:48,70
	Sigvard Ericsson	SWE	7:56,70
	Oleg Gontscharenko	URS	7:57,50
1960	Wiktor Kossitschkin	URS	7:51,30
	Knut Johannesen	NOR	8:00,80
	Jan Pesman	NED	8:05,10
1964	Knut Johannesen	NOR	7:38,40
	Ivar Per Moe	NOR	7:38,60
	Fred Anton Maier	NOR	7:42,00
1968	Fred Anton Maier	NOR	7:22,40
	Kees Verkerk	NED	7:23,20
	Petrus Nottet	NED	7:25,50
1972	Ard Schenk	NED	7:23,61
	Roar Grönvold	NOR	7:28,16
	Sten Stensen	NOR	7:33,39
1976	Sten Stensen	NOR	7:24,48
	Piet Kleine	NED	7:26,47
	Hans van Helden	NED	7:26,54
1980	Eric Heiden	USA	7:02,29
	Arne Kai Stenshjemmet	NOR	7:03,28
	Tom Erik Oxholm	NOR	7:05,59
1984	Tomas Gustafson	SWE	7:12,28
	Igor Malkow	URS	7:12,30
	René Schöfisch	GDR	7:17,49
1988	Tomas Gustafsson	SWE	6:44,63
	Leo Visser	NED	6:44,98
	Gerard Kemkers	NED	6:45,92
1992	Geir Karlstad	NOR	6:59,97
	Falko Zandstra	NED	7:02,28
	Leo Visser	NED	7:04,96
1994	Johann Olav Koss	NOR	6:34,96
	Kjell Storelid	NOR	6:42,68
	Rintje Ritsma	NED	6:43,94
1998	Gianni Romme	NED	6:22,20
	Rintje Ritsma	NED	6:28,24
	Bart Veldkamp	BEL	6:28,31
2002	Jochem Uytdehaage	NED	6:14,66
	Derek Parra	USA	6:17,98
	Jens Boden	GER	6:21,73

10000 m, Herren

1924	Julius Skutnabb	FIN	18:04,80
	Clas Thunberg	FIN	18:07,80
	Roald Larsen	NOR	18:12,20
1928	abgebrochen (schlechtes Eis)		
1932	Irving Jaffee	USA	19:13,60
	Ivar Ballangrud	NOR	5 m
	Frank Stack	CAN	6 m
1936	Ivar Ballangrud	NOR	17:24,30
	Birger Wasenius	FIN	17:28,20
	Max Stiepl	AUT	17:30,00
1948	Ake Seyffarth	SWE	17:26,30
	Lauri Parkkinen	FIN	17:36,00
	Pentti Lammio	FIN	17:42,70
1952	Hjalmar Andersen	NOR	16:45,80
	Cornelis Broekman	NED	17:10,60
	Carl-Erik Asplund	SWE	17:16,60
1956	Sigvard Ericsson	SWE	16:35,90
	Knut Johannesen	NOR	16:36,90
	Oleg Gontscharenko	URS	16:42,30
1960	Knut Johannesen	NOR	15:46,60
	Wiktor Kossitschkin	URS	15:49,20
	Kjell Bäckman	SWE	16:14,20
1964	Jonny Nilsson	SWE	15:50,10
	Fred Anton Maier	NOR	16:06,00
	Knut Johannesen	NOR	16:06,30
1968	Johnny Höglin	SWE	15:23,60
	Fred Anton Maier	NOR	15:23,90
	Örjan Sandler	SWE	15:31,80
1972	Ard Schenk	NED	15:01,36
	Kees Verkerk	NED	15:04,70
	Sten Stensen	NOR	15:07,08
1976	Piet Kleine	NED	14:50,59
	Sten Stensen	NOR	14:53,30
	Hans van Helden	NED	15:02,02
1980	Eric Heiden	USA	14:28,13
	Piet Kleine	NED	14:36,03
	Tom Erik Oxholm	NOR	14:36,60
1984	Igor Malkow	URS	14:39,90
	Tomas Gustafson	SWE	14:39,95
	René Schöfisch	GDR	14:46,91
1988	Tomas Gustafson	SWE	13:48,20
	Michael Hadschieff	AUT	13:56,11
	Leo Visser	NED	14:00,55
1992	Bart Veldkamp	NED	14:12,12
	Johann Olav Koss	NOR	14:14,58
	Geir Karlstad	NOR	14:18,13
1994	Johann Olav Koss	NOR	13:30,55
	Kjell Storelid	NOR	13:49,25
	Bart Veldkamp	NED	13:56,73
1998	Gianni Romme	NED	13:15,33
	Bob de Jong	NED	13:25,76
	Rintje Ritsma	NED	13:28,19
2002	Jochem Uytdehaage	NED	12:58,92
	Gianni Romme	NED	13:10,03
	Lasse Saetre	NOR	13:16,92

500 m, Damen

1960	Helga Haase	GDR	45,90
	Natalia Dontschenko	URS	46,00
	Jeanne Ashworth	USA	46,10
1964	Lidija Skoblikowa	URS	45,00
	Irina Jegorowa	URS	45,40
	Tatjana Sidorowa	URS	45,50
1968	Ljudmila Titowa	URS	46,10
	Mary Meyers	USA	46,30
	Dianne Holum	USA	46,30
	Jennifer Fish	USA	46,30
1972	Anne Henning	USA	43,33
	Wera Krasnowa	URS	44,01
	Ljudmila Titowa	URS	44,45
1976	Sheila Young	USA	42,76
	Cathy Priestner	CAN	43,12
	Tatjana Awerina	URS	43,17
1980	Karin Enke	GDR	41,78
	Leah Mueller-Poulos	USA	42,26
	Natalia Petrussewa	URS	42,42
1984	Christa Rothenburger	GDR	41,02
	Karin Enke	GDR	41,28
	Natalia Schive	URS	41,50
1988	Bonnie Blair	USA	39,10
	Christa Rothenburger	GDR	39,12
	Karin Kania-Enke	GDR	39,24
1992	Bonnie Blair	USA	40,33
	Qiaobo Ye	CHN	40,51
	C. Luding-Rothenburger	GER	40,57
1994	Bonnie Blair	USA	39,25
	Susan Auch	CAN	39,61
	Franziska Schenk	GER	39,70
1998	Catriona LeMay-Doan	CAN	1:16,60
	Susan Auch	CAN	1:16,93
	Tomomi Okazaki	JPN	1:17,10

2002	Catriona LeMay-Doan	CAN	1:14,75
	Monique Garbrecht-Enfeldt	GER	1:14,94
	Sabine Völker	GER	1:15,19

1000 m, Damen

1960	Klara Gussewa	URS	1:34,10
	Helga Haase	GDR	1:34,30
	Tamara Rylowa	URS	1:34,80
1964	Lidija Skoblikowa	URS	1:33,20
	Irina Jegorowa	URS	1:34,30
	Kaija Mustonen	FIN	1:34,80
1968	Carolina Geijssen	NED	1:32,60
	Ljudmila Titowa	URS	1:32,90
	Dianne Holum	USA	1:33,40
1972	Monika Pflug	FRG	1:31,40
	Atje Keulen-Deelstra	NED	1:31,61
	Anne Henning	USA	1:31,62
1976	Tatjana Awerina	URS	1:28,43
	Leah Poulos	USA	1:28,57
	Sheila Young	USA	1:29,14
1980	Natalja Petrussewa	URS	1:24,10
	Leah Mueller-Poulos	USA	1:25,41
	Sylvia Albrecht	GDR	1:26,46
1984	Karin Enke	GDR	1:21,61
	Andrea Schöne	GDR	1:22,83
	Natalia Petrussewa	URS	1:23,21
1988	Christa Rothenburger	GDR	1:17,65
	Karin Kania-Enke	GDR	1:17,70
	Bonnie Blair	USA	1:18,31
1992	Bonnie Blair	USA	1:21,90
	Qiaobo Ye	CHN	1:21,92
	Monique Garbrecht	GER	1:22,10
1994	Bonnie Blair	USA	1:18,74
	Anke Baier	GER	1:20,12
	Qiaobo Ye	CHN	1:20,22
1998	Marianne Timmer	NED	1:16,51
	Christine Witty	USA	1:16,79
	Catriona LeMay-Doan	CAN	1:17,37
2002	Chris Witty	USA	1:13,83
	Sabine Völker	GER	1:13,96
	Jennifer Rodriguez	USA	1:14,24

1500 m, Damen

1960	Lidija Skoblikowa	URS	2:25,20
	Elvira Seroczynska	POL	2:25,70
	Helena Pilejczyk	POL	2:27,10
1964	Lidija Skoblikowa	URS	2:22,60
	Kaija Mustonen	FIN	2:25,50
	Berta Kolokolzewa	URS	2:27,10
1968	Kaija Mustonen	FIN	2:22,40
	Caroline Geijssen	NED	2:22,70
	Stien Kaiser	NED	2:24,50
1972	Dianne Holum	USA	2:20,85
	Stien Baas-Kaiser	NED	2:21,05
	Atje Keulen-Deelstra	NED	2:22,05
1976	Galina Stepanskaja	URS	2:16,58
	Sheila Young	USA	2:17,06
	Tatjana Awerina	URS	2:17,96
1980	Annie Borckink	NED	2:10,95
	Ria Visser	NED	2:12,35
	Sabine Becker	GDR	2:12,38
1984	Karin Enke	GDR	2:03,42
	Andrea Schöne	GDR	2:05,29
	Natalia Petrussewa	URS	2:05,78
1988	Yvonne van Gennip	NED	2:00,68
	Karin Kania-Enke	GDR	2:00,82
	Andrea Ehrig-Schöne	GDR	2:01,49
1992	Jacqueline Börner	GER	2:05,87
	Gunda Niemann	GER	2:05,92
	Seiko Hashimoto	JPN	2:06,88
1994	Emese Hunyady	AUT	2:02,19
	Swetlana Fedotkina	RUS	2:02,69
	Gunda Niemann	GER	2:03,41
1998	Marianne Timmer	NED	1:57,58
	G. Niemann-Stirnemann	GER	1:58,66
	Christine Witty	USA	1;58,97
2002	Anni Friesinger	GER	1:54,02
	Sabine Völker	GER	1:54,97
	Jennifer Rodriguez	USA	1:55,32

3000 m, Damen

1960	Lidija Skoblikowa	URS	5:14,30
	Walentina Stenina	URS	5:16,90
	Eevi Huttunen	FIN	5:21,00
1964	Lidija Skoblikowa	URS	5:14,90
	Walentina Stenina	URS	5:18,50
	Pil-Hwa Han	PRK	5:18,50
1968	Johanna Schut	NED	4:56,20
	Kaija Mustonen	FIN	5:01,00
	Stien Kaiser	NED	5:01,30
1972	Stien Baas-Kaiser	NED	4:52,14
	Dianne Holum	USA	4:58,67
	Atje Keulen-Deelstra	NED	4:59,91
1976	Tatjana Awerina	URS	4:45,19
	Andrea Mitscherlich	GDR	4:45,23
	Lisbeth Korsmo	NOR	4:45,24
1980	Bjœrg Eva Jensen	NOR	4:32,13
	Sabine Becker	GDR	4:32,79
	Beth Heiden	USA	4:33,77
1984	A. Schöne-Mitscherlich	GDR	4:24,79
	Karin Enke	GDR	4:26,33
	Gabi Schönbrunn	GDR	4:33,13
1988	Yvonne van Gennip	NED	4:11,94
	Andrea Ehrig-Schöne	GDR	4:12,09
	Gabi Zange-Schönbrunn	GDR	4:16,92
1992	Gunda Niemann	GER	4:19,90
	Heike Warnicke	GER	4:22,88
	Emese Hunyady	AUT	4:24,64
1994	Swetlana Baschanowa	RUS	4:17,43
	Emese Hunyady	AUT	4:18,14
	Claudia Pechstein	GER	4:18,34
1998	G. Niemann-Stirnemann	GER	4:07,29
	Claudia Pechstein	GER	4:08,47
	Anni Friesinger	GER	4:09,44
2002	Claudia Pechstein	GER	3:57,70
	Renate Groenewold	NED	3:58,94
	Cindy Klassen	CAN	3:58,97

5000 m, Damen

1988	Yvonne van Gennip	NED	7:14,13
	Andrea Ehrig-Schöne	GDR	7:17,12
	Gabi Zange-Schönbrunn	GDR	7:21,61
1992	Gunda Niemann	GER	7:19,57
	Heike Warnicke	GER	7:37,59
	Claudia Pechstein	GER	7:39,80
1994	Claudia Pechstein	GER	7:14,37
	Gunda Niemann	GER	7:14,88
	Hiromi Yamamoto	JPN	7:19,68
1998	Claudia Pechstein	GER	6:59,61
	G. Niemann-Stirnemann	GER	6:59,65
	Ludmilla Prokaschewa	KAZ	7:11,14
2002	Claudia Pechstein	GER	6:46,91
	Gretha Smit	NED	6:49,22
	Clara Hughes	CAN	6:53,53

Shorttrack, 500 m, Herren

1994	Ji-Hoon Chae	KOR	43,45
	Mirko Vuillermin	ITA	43,47
	Nicholas Gooch	GBR	43,68
1998	Takafumi Nashitani	JPN	42,862
	Yulong An	CHN	43,022
	Hitoshi Uematsu	JPN	43,713
2002	Marc Gagnon	CAN	41,802
	Jonathan Guilmette	CAN	41,994
	Rusty Smith	USA	42,027

Shorttrack, 1000 m, Herren

1992	Ki-Hoon Kim	KOR	1:30,76
	Frederic Blackburn	CAN	1:31,11
	Joon-Ho Lee	KOR	1:31,16
1994	Ki-Hoon Kim	KOR	1:34,57
	Ji-Hoon Chae	KOR	1:34,92
	Marc Gagnon	CAN	–
1998	Dong-Sung Kim	KOR	1:32,375
	Jiajun Li	CHN	1:32,428
	Eric Bedard	CAN	1:32,661
2002	Steven Bradbury	AUS	1:29,109
	Apolo Anton Ohno	USA	1:30,160
	Mathieu Turcotte	CAN	1:30,563

Shorttrack, 1500 m, Herren

2002	Apolo Anton Ohno	USA	2:18,541
	Jiajun Li	CHN	2:18,731
	Marc Gagnon	CAN	2:18,806

Shorttrack, 5000-m-Staffel, Herren

1992	Südkorea	7:14,02
	Kanada	7:14,06
	Japan	7:18,18
1994	Italien	7:11,74
	USA	7:13,37
	Australien	7:13,68
1998	Kanada	7:06,075
	Südkorea	7:06,776
	China	7:11,559
2002	Kanada	6:51,579
	Italien	6:56,327
	China	6:59,633

Shorttrack, 500 m, Damen

1992	Cathy Turner	USA	47,04
	Yan Li	CHN	47,08
	Ok-Sil Hwang	PRK	47,23
1994	Cathy Turner	USA	45,98
	Yanmei Zhang	CHN	46,44
	Amy Peterson	USA	46,76
1998	Annie Perreault	CAN	46,568
	Yang Yang	CHN	46,627
	Lee-Kyung Chun	KOR	46,335
2002	Yang (A) Yang	CHN	44,187
	Jewgenia Radanowa	BUL	44,252
	Chunlu Wang	CHN	44,272

Mit einer von insgesamt drei Medaillen: Sabine Völker.

Shorttrack, 1000 m, Damen

1994	Lee-Kyung Chun	KOR	1:36,87
	Nathalie Lambert	CAN	1:36,97
	So-Hee Kim	KOR	1:37,09
1998	Lee-Kyung Chun	KOR	1:42,776
	Yang Yang	CHN	1:43,343
	Hye-Kyung Won	KOR	1:43,361
2002	Yang (A) Yang	CHN	1:36,391
	Gi-Hyun Ko	KOR	1:36,427
	Yang (S) Yang	CHN	1:37,008

Shorttrack, 1500 m, Damen

2002	Gi-Hyun Ko	KOR	2:31,581
	Eun-Kyung Choi	KOR	2:31,610
	Jewgenia Radanowa	BUL	2:31,723

Shorttrack, 3000-m-Staffel, Damen

1992	Kanada	4:36,62
	USA	4:37,62
	EUN	4:42,69
1994	Südkorea	4:26,64
	Kanada	4:32,04
	USA	4:39,34
1998	Südkorea	4:16,260
	China	4:16,383
	Kanada	4:21,205
2002	Südkorea	4:12,793
	China	4:13,236
	Kanada	4:15,738

NORDISCHE WETTBEWERBE

BIATHLON

10 km, Herren

1980	Frank Ullrich	GDR	32:10,6
	Wladimir Alikin	URS	32:53,1
	Anatoli Aljabjew	URS	33:09,1
1984	Eirik Kvalfoss	NOR	30:53,8
	Peter Angerer	FRG	31:02,4
	Matthias Jacob	GDR	31:10,5
1988	Frank-Peter Roetsch	GDR	25:08,1
	Waleri Medwedzew	URS	25:23,7
	Sergej Tschepikow	URS	25:29,4
1992	Mark Kirchner	GER	26:02,3
	Ricco Groß	GER	26:18,0
	Harri Eloranta	FIN	26:26,6
1994	Sergej Tschepikow	RUS	28:07,0
	Ricco Groß	GER	28:13,0
	Sergej Tarassow	RUS	28:27,4
1998	Ole Einar Björndalen	NOR	27:16,2
	Frode Andresen	NOR	28:17,8
	Ville Raikkonen	FIN	28:21,7
2002	Ole Einar Björndalen	NOR	24:51,3
	Sven Fischer	GER	25:20,2
	Wolfgang Perner	AUT	25:44,4

12,5-km-Jagdrennen, Herren

2002	Ole Einar Björndalen	NOR	32:34,6
	Raphael Poiree	FRA	33:17,6
	Ricco Groß	GER	33:30,6

20 km, Herren

1960	Klas Ivar Lestander	SWE	1:33:21,6
	Antti Tyrväinen	FIN	1:33:57,7
	Alexander Priwalow	URS	1:34:54,2
1964	Wladimir Melanin	URS	1:20:26,8
	Alexander Priwalow	URS	1:23:42,5
	Olav Jordet	NOR	1:24:38,8
1968	Magnar Solberg	NOR	1:13:45,9
	Alexander Tichonow	URS	1:14:40,4
	Wladimir Gundarzew	URS	1:18:27,4
1972	Magnar Solberg	NOR	1:15:55,5
	Hansjörg Knauthe	GDR	1:16:07,6
	Göran-Lars Arwidson	SWE	1:16:27,0
1976	Nikolai Kruglow	URS	1:14:12,2
	Heikki Ikola	FIN	1:15:54,1
	Alexander Jelisarow	URS	1:16:05,5
1980	Anatoli Aljabjew	URS	1:08:16,3
	Frank Ullrich	GDR	1:08:27,7
	Eberhard Rösch	GDR	1:11:11,7
1984	Peter Angerer	FRG	1:11:52,7
	Frank-Peter Roetsch	GDR	1:13:21,4
	Eirik Kvalfoss	NOR	1:14:02,4
1988	Frank-Peter Roetsch	GDR	56:33,3
	Waleri Medwedzew	URS	56:54,6
	Johann Passler	ITA	57:10,1
1992	Jewgeni Redkin	EUN	57:34,4
	Mark Kirchner	GER	57:40,8
	Mikael Lofgren	SWE	57:59,4
1994	Sergej Tarassow	RUS	57:25,3
	Frank Luck	GER	57,28,7
	Sven Fischer	GER	57:41,9
1998	Halvard Hanevold	NOR	56:16,4
	Pieralberto Carrara	ITA	56:21,9
	Alexej Aidarow	BLR	56:46,5
2002	Ole Einar Björndalen	NOR	51:03,3
	Frank Luck	GER	51:39,4
	Viktor Maigurow	RUS	51:40,6

4x7,5 km, Herren

1968	UdSSR	2:13:02,4
	Norwegen	2:14:50,2
	Schweden	2:17:26,3
1972	UdSSR	1:51:44,9
	Finnland	1:54:37,2
	DDR	1:54;57,6
1976	UdSSR	1:57:56,6
	Finnland	2:01:45,5
	DDR	2:04:08,6
1980	UdSSR	1:34:03,2
	DDR	1:34:56,9
	BR Deutschland	1:37:30,2

1984	UdSSR		1:38:51,7
	Norwegen		1:39:03,9
	BR Deutschland		1:39:05,1
1988	UdSSR		1:22:30,0
	BR Deutschland		1:23:37,4
	Italien		1:23:51,5
1992	Deutschland		1:24:43,5
	EUN		1:25:06,3
	Schweden		1:25:38,2
1994	Deutschland		1:30:22,1
	Russland		1:31:23,6
	Frankreich		1:32:31,3
1998	Deutschland		1:21:36,2
	Norwegen		1:21:56,3
	Russland		1:22:19,3
2002	Norwegen		1:23:42,3
	Deutschland		1:24:27,6
	Frankreich		1:24:36,6

7,5 km, Damen

1992	Anfissa Reszowa	EUN	24:29,7
	Antje Misersky	GER	24:45,1
	Jelena Bjelowa	EUN	24:50,8
1994	Myriam Bedard	CAN	26:08,8
	Swetlana Paramygina	BLR	26:09,9
	Valentina Tserbe	UKR	26:10,0
1998	Galina Kuklewa	RUS	23:08,0
	Uschi Disl	GER	23:08,7
	Katrin Apel	GER	23:32,4
2002	Kati Wilhelm	GER	20:41,4
	Uschi Disl	GER	20:57,0
	Magdalena Forsberg	SWE	21:20,4

10-km-Jagdrennen, Damen

2002	Olga Pilewa	RUS	31:07,7
	Kati Wilhelm	GER	31:13,0
	Irina Nikultschina	BUL	31:15,8

15 km, Damen

1992	Antje Misersky	GER	51:47,2
	Swetlana Petscherskaja	EUN	51:58,5
	Myriam Bedard	CAN	52:15,0
1994	Myriam Bedard	CAN	52:06,6
	Anne Briand	FRA	52:53,3
	Uschi Disl	GER	53:15,3
1998	Jekaterina Dafowska	BUL	54:52,0
	Elena Petrowa	UKR	55:09,8
	Uschi Disl	GER	55:17,9
2002	Andrea Henkel	GER	47:29,1
	Liv-Grete Poiree	NOR	47:37,0
	Magdalena Forsberg	SWE	48:08,3

3x7,5 km, Damen

1992	Frankreich		1:15:55,6
	Deutschland		1:16:18,4
	EUN		1:16:54,6

4x7,5 km, Damen

1994	Russland		1:47:19,5
	Deutschland		1:51:16,5
	Frankreich		1:52:28,3
1998	Deutschland		1:40:13,6
	Russland		1:40:25,2
	Norwegen		1:40:37,3
2002	Deutschland		1:27:55,0
	Norwegen		1:28:25,6
	Russland		1:29:19,7

LANGLAUF

10 km, Herren

1992	Vegard Ulvang	NOR	27:36,0
	Marco Albarello	ITA	27:55,2
	Christer Majbäck	SWE	27:56,4
1994	Björn Dählie	NOR	24:20,1
	Wladimir Smirnow	KAZ	24:38,3
	Marco Albarello	ITA	24:42,3
1998	Björn Dählie	NOR	27:24,5
	Markus Gandler	AUT	27:32,5
	Mika Myllylä	FIN	27:40,1

15 km, Herren

1956	Hallgeir Brenden	NOR	49:39,0
	Sixten Jernberg	SWE	50:14,0
	Pawel Koltschin	URS	50:17,0
1960	Hakon Brusveen	NOR	51:55,5
	Sixten Jernberg	SWE	51:58,6
	Veikko Hakulinen	FIN	52:03,0
1964	Eero Mäntyranta	FIN	50:54,1
	Harald Grönningen	NOR	51:34,8
	Sixten Jernberg	SWE	51:42,2
1968	Harald Grönningen	NOR	47:54,2
	Eero Mäntyranta	FIN	47:56,1
	Gunnar Larsson	SWE	48:33,7
1972	Sven-Ake Lundbäck	SWE	45:28,2
	Fjodor Simaschow	URS	46:00,8
	Ivar Formo	NOR	46:02,6
1976	Nikolai Bashukow	URS	43:58,4
	Jewgeni Beljajew	URS	44:01,1
	Arto Koivisto	FIN	44:19,2
1980	Tomas Wassberg	SWE	41:57,63
	Juha Mieto	FIN	41:57,64
	Ove Aunli	NOR	42:28,60
1984	Gunde Svan	SWE	41:25,6
	Aki Karvonen	FIN	41:34,9
	Harri Kirvesniemi	FIN	41:45,6
1988	Michail Dewjatjarow	URS	41:18,9
	Pal-Gunnar Mikkelsplass	NOR	41:33,4
	Wladimir Smirnow	URS	41:48,5
Klassisch			
2002	Andrus Veerpalu	EST	37:07,4
	Frode Estil	NOR	37:43,4
	Jaak Mae	EST	37:50,8

18 km, Herren

1924	Thorleif Haug	NOR	1:14:31
	Johan Gröttumsbraten	NOR	1:15:51
	Tapani Niku	FIN	1:16:26
1928	Johan Gröttumsbraten	NOR	1:37:01
	Ole Hegge	NOR	1:39:01
	Reidar Ödegaard	NOR	1:40:11
1932	Sven Utterström	SWE	1:23:07
	Axel Wikström	SWE	1:25:07
	Veli Selim Saarinen	FIN	1:25:24
1936	Erik-August Larsson	SWE	1:14:38
	Oddbjörn Hagen	NOR	1:15:33
	Pekka Niemi	FIN	1:16:59
1948	Martin Lundström	SWE	1:13:50
	Nils Östensson	SWE	1:14:22
	Gunnar Eriksson	SWE	1:16:06
1952	Hallgeir Brenden	NOR	1:01:34
	Tapio Valfrid Mäkelä	FIN	1:02:09
	Paavo Lonkila	FIN	1:02:20

Jagdrennen, Herren

Bis 1998 10+15 km, ab 2002 10+10 km

1992	Björn Dählie	NOR	1:05:37,9
	Vegard Ulvang	NOR	0:53,4
	Giorgio Vanzetta	ITA	0:54,3
1994	Björn Dählie	NOR	1:00:08,9
	Wladimir Smirnow	KAZ	0:29,2
	Silvio Fauner	ITA	1:39,8
1998	Thomas Alsgaard	NOR	1:07:01,7
	Björn Dählie	NOR	1:07:02,8
	Wladimir Smirnow	KAZ	1:07:31,5
2002	Johann Mühlegg	ESP	49:20,4
	2. Frode Estil	NOR	49:48,9
	2. Thomas Alsgaard	NOR	49:48,9

30 km, Herren

1956	Veikko Hakulinen	FIN	1:44:06,0
	Sixten Jernberg	SWE	1:44:30,0
	Pawel Koltschin	URS	1:45:45,0
1960	Sixten Jernberg	SWE	1:51:03,9
	Rolf Rämgard	SWE	1:51:16,9
	Nikolai Anikin	URS	1:52:28,2
1964	Eero Mäntyranta	FIN	1:30:50,7
	Harald Grönningen	NOR	1:32:02,3
	Igor Worontschichin	URS	1:32:15,8
1968	Franco Nones	ITA	1:35:39,2
	Odd Martinsen	NOR	1:36:28,9
	Eero Mäntyranta	FIN	1:36:55,5
1972	Wjatscheslaw Wedenin	URS	1:36:31,1
	Pal Tyldum	NOR	1:37:25,3
	Johannes Harviken	NOR	1:37:32,4
1976	Sergej Saweljew	URS	1:30:29,3
	Bill Koch	USA	1:30:57,8
	Iwan Garanin	URS	1:31:09,2
1980	Nikolai Simjatow	URS	1:27:02,8
	Wassil Rotschew	URS	1:27:34,2
	Iwan Lebanow	BUL	1:28:03,8
1984	Nikolai Simjatow	URS	1:28:56,3
	Alexander Sawjalow	URS	1:29:23,3
	Gunde Svan	SWE	1:29:35,7
1988	Aleksej Prokurorow	URS	1:24:26,3
	Wladimir Smirnow	URS	1:24:35,1
	Vegard Ulvang	NOR	1:25:11,6
Klassisch			
1992	Vegard Ulvang	NOR	1:22:27,8
	Björn Dählie	NOR	1:23:14,0
	Terje Langli	NOR	1:23:42,5
Freier Stil			
1994	Thomas Alsgaard	NOR	1:12:26,4
	Björn Dählie	NOR	1:13:13,6
	Mika Myllylä	FIN	1:14:14,0
Klassisch			
1998	Mika Myllylä	FIN	1:33:55,8
	Erling Jevne	NOR	1:35:27,1
	Silvio Fauner	ITA	1:36:08,5
Freier Stil (Massenstart)			
2002	Johann Mühlegg	ESP	1:09:28,9
	Christian Hoffmann	AUT	1:11:31,0
	Michail Botwinow	AUT	1:11:32,3

50 km, Herren

1924	Thorleif Haug	NOR	3:44:32,0
	Thoralf Strömstad	NOR	3:46:23,0
	Johan Gröttumsbraten	NOR	3:47:46,0
1928	Per Erik Hedlund	SWE	4:52:03,0
	Gustaf Jonsson	SWE	5:05:30,0
	Volger Andersson	SWE	5:05:46,0
1932	Veli Selim Saarinen	FIN	4:28:00,0
	Väinö Liikkanen	FIN	4:28:20,0
	Arne Rustadstuen	NOR	4:31:53,0
1936	Elis Wiklund	SWE	3:30:11,0
	Axel Wikström	SWE	3:33:20,0
	Nils-Joel Englund	SWE	3:34:10,0
1948	Nils Karlsson	SWE	3:47:48,0
	Harald Eriksson	SWE	3:52:20,0
	Benjamin Vanninen	FIN	3:57:28,0
1952	Veikko Hakulinen	FIN	3:33:33,0
	Eero Kolehmainen	FIN	3:38:11,0
	Magnar Estenstad	NOR	3:38:28,0
1956	Sixten Jernberg	SWE	2:50:27,0
	Veikko Hakulinen	FIN	2:51:45,0
	Fjodor Terentjew	URS	2:53:32,0
1960	Kalevi Hämäläinen	FIN	2:59:06,3
	Veikko Hakulinen	FIN	2:59:26,7
	Rolf Rämgard	SWE	3:02:46,7
1964	Sixten Jernberg	SWE	2:43:52,6
	Assar Rönnlund	SWE	2:44:58,2
	Arto Tiainen	FIN	2:45:30,4
1968	Ole Ellefsaeter	NOR	2:28:45,8
	Wjatscheslaw Wedenin	URS	2:29:02,5
	Josef Haas	SUI	2:29:14,8
1972	Pal Tyldum	NOR	2:43:14,7
	Magne Myrmo	NOR	2:43:29,4
	Wjatscheslaw Wedenin	URS	2:44:00,1
1976	Ivar Formo	NOR	2:37:30,0
	Gert-Dietmar Klause	GDR	2:38:13,2
	Benny Södergren	SWE	2:39:39,2
1980	Nikolai Simjatow	URS	2:27:24,6
	Juha Mieto	FIN	2:30:20,5
	Alexander Sawjalow	URS	2:30:51,5
1984	Tomas Wassberg	SWE	2:15:55,8
	Gunde Svan	SWE	2:16:00,7
	Aki Karvonen	FIN	2:17:04,7
1988	Gunde Svan	SWE	2:04:30,9
	Maurilio de Zolt	ITA	2:05:36,4
	Andy Grünenfelder	SUI	2:06:01,9
Freier Stil			
1992	Björn Dählie	NOR	2:03:41,5
	Maurilio de Zolt	ITA	2:04:39,1
	Giorgio Vanzetta	ITA	2:06:42,1
Klassisch			
1994	Wladimir Smirnow	KAZ	2:07:20,3
	Mika Myllylä	FIN	2:08:41,4
	Sture Sivertsen	NOR	2:08:49,0
Freier Stil			
1998	Björn Dählie	NOR	2:05:08,2
	Niklas Jonsson	SWE	2:05:16,3
	Christian Hoffmann	AUT	2:06:01,8
Klassisch			
2002	Michail Iwanow	RUS	2:06:20,8
	Andrus Veerpalu	EST	2:06:44,5
	Odd-Bjoern Hjelmeset	NOR	2:08:41,5

1,5-km-Sprint, Herren

2002	Tor Arne Hetland	NOR	2:56,9
	Peter Schlickenrieder	GER	2:57,0
	Cristian Zorzi	ITA	2:57,2

4x10-km-Staffel, Herren

1936	Finnland		2:41:33,0
	Norwegen		2:41:39,0
	Schweden		2:43:03,0
1948	Schweden		2:32:08,0
	Finnland		2:41:06,0
	Norwegen		2:44:33,0
1952	Finnland		2:20:16,0
	Norwegen		2:23:13,0
	Schweden		2:24:13,0
1956	UdSSR		2:15:30,0
	Finnland		2:16:31,0
	Schweden		2:17:42,0
1960	Finnland		2:18:45,6
	Norwegen		2:18:46,4
	UdSSR		2:21:21,6
1964	Schweden		2:18:34,6
	Finnland		2:18:42,6
	UdSSR		2:18:46,9
1968	Norwegen		2:08:33,5
	Schweden		2:10:13,2
	Finnland		2:10:56,7
1972	UdSSR		2:04:47,9
	Norwegen		2:04:57,0
	Schweiz		2:07:00,0
1976	Finnland		2:07:59,7
	Norwegen		2:09:58,3
	UdSSR		2:10:51,4
1980	UdSSR		1:57:03,4
	Norwegen		1:58:45,7
	Finnland		2:00:00,1
1984	Schweden		1:55:06,3
	UdSSR		1:55:16,5
	Finnland		1:56:31,4
1988	Schweden		1:43:58,6
	UdSSR		1:44:11,3
	Tschechoslowakei		1:45:22,7
1992	Norwegen		1:39:26,0
	Italien		1:40:52,7
	Finnland		1:41:22,9
1994	Italien		1:41:15,0
	Norwegen		1:41:15,4
	Finnland		1:42:15,6
1998	Norwegen		1:40:55,7
	Italien		1:40:55,9
	Finnland		1:42:15,5
2002	Norwegen		1:32:45,5
	Italien		1:32:45,8
	Deutschland		1:33:34,5

5 km, Damen

1964	Klawdija Bojarskich	URS	17:50,5
	Mirja Lehtonen	FIN	17:52,9
	Alewtina Koltschina	URS	18:08,4
1968	Toini Gustafsson	SWE	16:45,2
	Galina Kulakowa	URS	16:48,4
	Alewtina Koltschina	URS	16:51,6
1972	Galina Kulakowa	URS	17:00,5
	Marjetta Kajosmaa	FIN	17:05,5
	Helena Sikolova	TCH	17:07,3
1976	Helena Takalo	FIN	15:48,6
	Raissa Smetanina	URS	15:49,7
	Nina Baldytschewa	URS	16:12,8
1980	Raissa Smetanina	URS	15:06,9
	Hilkka Riihivuori	FIN	15:11,9
	Kvetoslava Jeriowa	TCH	15:23,4
1984	Marja-Liisa Hämäläinen	FIN	17:04,0
	Berit Aunli	NOR	17:14,1
	Kvetoslava Jeriova	TCH	17:18,3
1988	Marjo Matikainen	FIN	15:04,0
	Tamara Tichonowa	URS	15:05,3
	Wida Wenzene	URS	15:11,1
1992	Marjut Lukkarinen	FIN	14:13,8
	Ljubow Jegorowa	EUN	14:14,7
	Jelena Välbe	EUN	14:22,7
1994	Ljubow Jegorowa	RUS	14:08,8
	Manuela di Centa	ITA	14:28,3
	Kirvesniemi-Hämäläinen	FIN	14:36,0
1998	Larissa Lasutina	RUS	17:37,9
	Katerina Neumannova	CZE	17:42,7
	Bente Martinsen	NOR	17:49,4

10 km, Damen

1952	Lydia Wideman	FIN	41:40,0
	Kyllikki Mirja Hietamies	FIN	42:39,0
	Johanna Siira Rantanen	FIN	42:50,0
1956	Ljubow Kosyrjewa	URS	38:11,0
	Radja Jeroschina	URS	38:16,0
	Sonja Edström	SWE	38:23,0
1960	Maria Gussakowa	URS	39:46,6
	Ljubow Baranowa	URS	40:04,2
	Radja Jeroschina	URS	40:06,0
1964	Klawdija Bojarskich	URS	40:24,3
	Jewdokija Mekschilo	URS	40:26,6
	Maria Gussakowa	URS	40:46,6
1968	Toini Gustafsson	SWE	36:46,5
	Berit Mördre	NOR	37:54,6
	Inger Aufles	NOR	37:59,9
1972	Galina Kulakowa	URS	34:17,8
	Alewtina Oljunina	URS	34:54,1
	Marjetta Kajosmaa	FIN	34:56,4
1976	Raissa Smetanina	URS	30:13,4
	Helena Takalo	FIN	30:14,2
	Galina Kulakowa	URS	30:38,6
1980	Barbara Petzold	GDR	30:31,5
	Hilkka Riihivuori	FIN	30:35,0
	Helena Takalo	FIN	30:45,2

1984	Marja-Liisa Hämäläinen	FIN	31:44,2
	Raissa Smetanina	URS	32:02,9
	Brit Pettersen	NOR	32:12,7
1988	Wida Wenzene	URS	30:08,3
	Raissa Smetanina	URS	30:17,0
	Marjo Matikainen	FIN	30:20,5

Klassisch

2002	Bente Skari	NOR	28:05,6
	Olga Danilowa	RUS	28:08,1
	Julia Tschepalowa	RUS	28:09,9

Jagdrennen, Damen

Bis 1998 5+10 km, ab 2002 5+5 km

1992	Ljubow Jegerowa	EUN	40:07,7
	Stefania Belmondo	ITA	0:24,1
	Jelena Välbe	EUN	0:44,0
1994	Ljubow Jegorowa	RUS	41:38,1
	Manuela di Centa	ITA	0:08,3
	Stefania Belmondo	ITA	0:43,0
1998	Larissa Lasutina	RUS	46:06,9
	Olga Danilowa	RUS	46:13,4
	Katerina Neumannova	CZE	46:14,2
2002	Olga Danilowa	RUS	24:52,1
	Larissa Lasutina	RUS	24:59,0
	Beckie Scott	CAN	25:09,9

15 km, Damen

Klassisch

1992	Ljubow Jegorowa	EUN	42:20,8
	Marjut Lukkarinen	FIN	43:29,9
	Jelena Välbe	EUN	43:42,3

Freier Stil

1994	Manuela di Centa	ITA	39:44,5
	Ljubow Jegorowa	RUS	41:03,0
	Nina Gawryljouk	RUS	41:10,4

Klassisch

1998	Olga Danilowa	RUS	46:55,4
	Larissa Lasutina	RUS	47:01,0
	Anita Moen-Guidon	NOR	47:52,6

Freier Stil (Massenstart)

2002	Stefania Belmondo	ITA	39:54,4
	Larissa Lasutina	RUS	39:56,2
	Katerina Neumannova	CZE	40:01,3

20 km, Damen

1984	Marja-Liisa Hämäläinen	FIN	1:01:45,0
	Raissa Smetanina	URS	1:02:26,7
	Anne Jahren	NOR	1:03:13,6
1988	Tamara Tichonowa	URS	55:53,6
	Anfissa Reszowa	URS	56:12,8
	Raissa Smetanina	URS	57:22,1

30 km, Damen

Freier Stil

1992	Stefania Belmondo	ITA	1:22:30,1
	Ljubow Jegorowa	EUN	1:22:52,0
	Jelena Välbe	EUN	1:24:13,9

Klassisch

1994	Manuela di Centa	ITA	1:25:41,6
	Marit Wold	NOR	1:25:57,8
	Kirvesniemi-Hämäläinen	FIN	1:26:13,6

Freier Stil

1998	Julia Tschepalowa	RUS	1:22:01,5
	Stefania Belmondo	ITA	1:22:11,7
	Larissa Lasutina	RUS	1:23:15,7

Klassisch

2002	Gabriella Paruzzi	ITA	1:30:57,1
	Stefania Belmondo	ITA	1:31:01,6
	Bente Skari	NOR	1:31:36,3

1,5-km-Sprint, Damen

2002	Julia Tschepalowa	RUS	3:10,6
	Evi Sachenbacher	GER	3:12,2
	Anita Moen	NOR	3:12,7

3x5-km-Staffel, Damen

1956	Finnland	1:09:01,0
	UdSSR	1:09:28,0
	Schweden	1:09:48,0
1960	Schweden	1:04:21,4
	UdSSR	1:05:02,6
	Finnland	1:06:27,5
1964	UdSSR	59:20,2
	Schweden	1:01:27,0
	Finnland	1:02:45,1
1968	Norwegen	57:30,0
	Schweden	57:51,0
	UdSSR	58:13,6
1972	UdSSR	48:46,1
	Finnland	49:19,3
	Norwegen	49:51,4

4x5-km-Staffel, Damen

1976	UdSSR	1:07:47,7
	Finnland	1:08:36,5
	DDR	1:09:57,9
1980	DDR	1:02:11,1
	UdSSR	1:03:18,3
	Norwegen	1:04:13,5
1984	Norwegen	1:06:49,7
	Tschechoslowakei	1:07:34,7
	Finnland	1:07:36,7
1988	UdSSR	59:51,1
	Norwegen	1:01:33,0
	Finnland	1:01:53,8
1992	EUN	59:34,8
	Norwegen	59:56,4
	Italien	1:00:25,9
1994	Russland	57:12,5
	Norwegen	57:42,6
	Italien	58:42,6
1998	Russland	55:13,5
	Norwegen	55:38,0
	Italien	56:53,3
2002	Deutschland	49:30,6
	Norwegen	49:31,9
	Schweiz	50:03,6

NORDISCHE KOMBINATION

Einzel

1924	Thorleif Haug	NOR	18,906
	Thoralf Strömstad	NOR	18,219
	Johan Gröttumsbraten	NOR	17,854
1928	Johan Gröttumsbraten	NOR	17,833
	Hans Vinjarengen	NOR	15,303
	John Snersrud	NOR	15,021
1932	Johan Gröttumsbraten	NOR	446,000
	Ole Stenen	NOR	436,050
	Hans Vinjarengen	NOR	434,600
1936	Oddbjörn Hagen	NOR	430,300
	Olaf Hoffsbakken	NOR	419,800
	Sverre Brodahl	NOR	408,100
1948	Heikki Vihtori Hasu	FIN	448,800
	Martti Huhtala	FIN	433,650
	Sven Israelsson	SWE	433,400
1952	Simon Slættvik	NOR	451,621
	Heikki Vihtori Hasu	FIN	447,500
	Sverre Stenersen	NOR	436,335
1956	Sverre Stenersen	NOR	455,000
	Bengt Ericsson	SWE	437,400
	F. Gron-Gasienica	POL	436,800
1960	Georg Thoma	GER	457,952
	Tormod Knutsen	NOR	453,000
	Nikolai Gussakow	URS	452,000
1964	Tormod Knutsen	NOR	469,280
	Nikolai Kisseljow	URS	453,040
	Georg Thoma	GER	452,880
1968	Franz Keller	FRG	449,040
	Alois Kälin	SUI	447,990
	Andreas Kunz	GDR	444,100
1972	Ulrich Wehling	GDR	413,340
	Rauno Miettinen	FIN	404,505
	Karl-Heinz Luck	GDR	398,800
1976	Ulrich Wehling	GDR	423,390
	Urban Hettich	FRG	418,900
	Konrad Winkler	GDR	417,470
1980	Ulrich Wehling	GDR	432,200
	Jouko Karjalainen	FIN	429,500
	Konrad Winkler	GDR	425,320
1984	Tom Sandberg	NOR	422,595
	Jouko Karjalainen	FIN	416,900
	Jukka Ylipulli	FIN	410,825
1988	Hippolyt Kempf	SUI	38:16,8
	Klaus Sulzenbacher	AUT	+0:29,7
	Allar Lewandi	URS	+0:55,6
1992	Fabrice Guy	FRA	43:45,4
	Sylvain Guillaume	FRA	+0:48,4
	Klaus Sulzenbacher	AUT	+1:06,3
1994	Fred Björre Lundberg	NOR	39:07,8
	Takanori Kono	JPN	+1:17,5
	Bjarte Engen Vik	NOR	+1:18,3
1998	Bjarte Engen Vik	NOR	41:21,1
	Samppa Lajunen	FIN	+27,5
	Waleri Stoljarow	RUS	+28,2
2002	Samppa Lajunen	FIN	38:18,7
	Jaakko Tallus	FIN	+24,7
	Felix Gottwald	AUT	+54,8

Mannschaft

1988	BR Deutschland	1:20:46,0
	Schweiz	+0:03,4
	Österreich	+0:30,9
1992	Japan	1:23:36,5
	Norwegen	+1:26,4
	Österreich	+1:40,1
1994	Japan	1:21:51,8
	Norwegen	+4:49,1
	Schweiz	+7:48,1
1998	Norwegen	54:03,5
	Finnland	+1:18,9
	Frankreich	+1:41,9
2002	Finnland	48:42,2
	Deutschland	+7,5
	Österreich	+11,0

Sprint

2002	Samppa Lajunen	FIN	0,0
	Ronny Ackermann	GER	9,0
	Felix Gottwald	AUT	40,2

SKISPRINGEN

Spezialspringen

1924	Jacob Tullin Thams	NOR	18,960
	Narve Bonna	NOR	18,689
	Anders Haugen	USA	17,916
1928	Alf Sten Andersen	NOR	19,208
	Sigmund Ruud	NOR	18,542
	Rudolf Burkert	TCH	17,937
1932	Birger Ruud	NOR	228,1
	Hans Beck	NOR	227,0
	Kaare Wahlberg	NOR	219,5
1936	Birger Ruud	NOR	232,0
	Sven Eriksson	SWE	230,5
	Reidar Andersen	NOR	228,9
1948	Petter Hugsted	NOR	228,1
	Birger Ruud	NOR	226,6
	Thorleif Schjelderup	NOR	225,1
1952	Arnfinn Bergmann	NOR	226,0
	Torbjörn Falkanger	NOR	221,5
	Karl Holmström	SWE	219,5
1956	Abram Antti Hyvärinen	FIN	227,0
	Aulis Kallakorpi	FIN	225,0
	Harry Glaß	GER	224,5
1960	Helmut Recknagel	GER	227,2
	Niilo Halonen	FIN	222,6
	Otto Leodolter	AUT	219,4

Möchte die ganze Welt umarmen: Skisprung-Doppelsieger Simon Ammann.

Normalschanze

1964	Veikko Kankkonen	FIN	229,9
	Torlaf Engan	NOR	226,3
	Torgeir Brandtzaeg	NOR	222,9
1968	Jiri Raska	TCH	216,5
	Reinhold Bachler	AUT	214,2
	Baldur Preiml	AUT	212,6
1972	Yukio Kasaya	JPN	244,2
	Akitsugu Konno	JPN	234,8
	Seiji Aochi	JPN	229,5
1976	Hans-Georg Aschenbach	GDR	252,0
	Jochen Danneberg	GDR	246,2
	Karl Schnabl	AUT	242,0
1980	Toni Innauer	AUT	266,3
	2. Manfred Deckert	GDR	249,2
	2. Hirokazu Yagi	JPN	249,2
1984	Jens Weißflog	GDR	215,2
	Matti Nykänen	FIN	214,0
	Jari Puikkonen	FIN	212,8
1988	Matti Nykänen	FIN	229,1
	Pavel Ploc	TCH	212,1
	Jiri Malec	TCH	211,8
1992	Ernst Vettori	AUT	222,8
	Martin Höllwarth	AUT	218,1
	Toni Nieminen	FIN	217,0
1994	Espen Bredesen	NOR	282,0
	Lasse Ottesen	NOR	268,0
	Dieter Thoma	GER	260,5
1998	Jani Soininen	FIN	234,5
	Kazuyoshi Funaki	JPN	233,5
	Andreas Widhölzl	AUT	232,5
2002	Simon Ammann	SUI	269,0
	Sven Hannawald	GER	267,5
	Adam Malysz	POL	263,0

Großschanze

1964	Toralf Engan	NOR	230,7
	Veikko Kankkonen	FIN	228,9
	Torgeir Brandtzaeg	NOR	227,2
1968	Wladimir Beloussow	URS	231,3
	Jiri Raska	TCH	229,4
	Lars Grini	NOR	214,3
1972	Wojciech Fortuna	POL	219,9
	Walter Steiner	SUI	219,8
	Rainer Schmidt	GDR	219,3
1976	Karl Schnabl	AUT	234,8
	Toni Innauer	AUT	232,9
	Henry Glaß	GDR	221,7
1980	Jouko Törmänen	FIN	271,0
	Hubert Neuper	AUT	262,4
	Jari Puikkonen	FIN	248,5
1984	Matti Nykänen	FIN	231,4
	Jens Weißflog	GDR	213,7
	Pavel Ploc	TCH	202,9
1988	Matti Nykänen	FIN	224,0
	Erik Johnsen	NOR	207,9
	Matjaz Debelak	YUG	207,7
1992	Toni Nieminen	FIN	239,5
	Martin Höllwarth	AUT	227,3
	Heinz Kuttin	AUT	214,8
1994	Jens Weißflog	GER	274,5
	Espen Bredesen	NOR	266,5
	Andreas Goldberger	AUT	255,0
1998	Kazuyoshi Funaki	JPN	272,3
	Jani Soininen	FIN	260,8
	Masahiko Harada	JPN	258,3
2002	Simon Ammann	SUI	281,4
	Adam Malysz	POL	269,7
	Matti Hautamäki	FIN	256,0

Mannschaft

1988	Finnland	634,4
	Jugoslawien	625,5
	Norwegen	596,1
1992	Finnland	634,4
	Österreich	642,9
	Tschechoslowakei	620,1
1994	Deutschland	970,1
	Japan	956,9
	Österreich	918,9
1998	Japan	933,0
	Deutschland	897,4
	Österreich	881,5
2002	Deutschland	974,1
	Finnland	974,0
	Slowenien	946,3

DIE TEILNEHMER DER XIX. OLYMPISCHEN WINTERSPIELE IN SALT LAKE CITY

Ski alpin

Albrecht, Kilian	AUT-Au	14.04.1973
Dorfmeister, Michaela	AUT-Neusiedl bei Pernitz	25.03.1973
Eberharter, Stephan	AUT-Stumm	24.08.1969
Götschl, Renate	AUT-Obdach	06.08.1975
Greber, Christian	AUT-Mellau	08.02.1972
Gruber, Christoph	AUT-Schwaz	25.03.1976
Heregger, Selina	AUT-Irschen	29.04.1977
Knauss, Hans	AUT-Schladming	09.02.1971
Kröll, Klaus	AUT-Öblarn	24.04.1980
Meissnitzer, Alexandra	AUT-Abtenau	18.06.1973
Obermoser, Brigitte	AUT-Altenmarkt	02.07.1976
Pranger, Manfred	AUT-Gschnitz	25.01.1978
Raich, Benjamin	AUT-Arzl im Pitztal	28.02.1978
Raich, Carina	AUT-Arzl im Pitztal	14.03.1979
Schifferer, Andreas	AUT-Hallein	03.08.1974
Schild, Marlies	AUT-Saalfelden	31.05.1981
Schneider, Tanja	AUT-Kartitsch	19.02.1974
Schönfelder, Rainer	AUT-Bleiburg	13.06.1977
Sponring, Christine	AUT-Weerberg	22.06.1983
Strobl, Fritz	AUT-Steinfeld/Drau	24.08.1972
Trinkl, Hannes	AUT-Windischgarsten	01.02.1968
Walchhofer, Michael	AUT-Zauchensee	28.04.1975
Bergmann, Monika	GER-Kötzting	17.04.1978
Brauner, Sibylle	GER-Raubling	16.03.1975
Eberle, Markus	GER-Riezlern	02.02.1969
Ertl, Martina	GER-Lenggries	12.09.1973
Gerg, Annemarie	GER-Lenggries	14.06.1975
Gerg, Hilde	GER-Schönau am Königssee	19.10.1975
Haltmayr, Petra	GER-Rettenberg	16.09.1975
Häusl, Regina	GER-Schneizlreuth	17.12.1973
Rauffer, Max	GER-Fischbachau	08.05.1972
Accola, Paul	SUI-Davos-Clavadel	20.02.1967
Aufdenblatten, Fränzi	SUI-Zermatt	10.02.1981
Berthod, Sylviane	SUI-Champlan	25.04.1977
Borghi, Catherine	SUI-Les Diablerets	23.09.1976
Cavegn, Franco	SUI-Buchs	06.01.1971
Cuche, Didier	SUI-Le Pâquier	16.08.1974
Défago, Didier	SUI-Morgins	02.10.1977
Grünenfelder, Corina	SUI-Elm	29.12.1975
Grünenfelder, Tobias	SUI-Elm	27.11.1977
Hoffmann, Ambrosi	SUI-Davos-Dorf	22.03.1977
Imboden, Urs	SUI-Sta. Maria	07.01.1975
Kernen, Bruno	SUI-Faulensee	01.07.1972
Kummer, Lilian	SUI-Riederalp	08.07.1975
Nef, Sonja	SUI-Grub/AUT	19.04.1972
Oester, Marlies	SUI-Adelboden	22.08.1976
Rey-Bellet, Corinne	SUI-Val d'Illiez	02.08.1972
von Grünigen, Michael	SUI-Schönried	11.04.1969
von Weissenfluh, Rolf	SUI-Elm	20.03.1977

Freestyle

Marbler-Olejnikowa, Margarita	AUT-Radenthein	16.07.1975
Bodmer, Corinne	SUI-Lausanne	23.09.1970
Kaufmann, Christian	SUI-Grüningen	09.09.1976
Leu, Evelyne	SUI-Mettmenstetten	07.07.1976
Müller, Manuela	SUI-Au	07.10.1980
Stohr, Christian	SUI-Engelberg	17.06.1977
Walti, Martin	SUI-Mettmenstetten	09.01.1982

Snowboard

Grabner, Siegfried	AUT-Rum/La Massana/AND	04.02.1975
Günther, Doris	AUT-Zell am See	03.05.1978
Kaltschütz, Stefan	AUT-St. Veit a.d. Glan	12.01.1978
Kirchgasser-Pichler, Maria	AUT-Radstadt	26.11.1970
Krassnig, Dieter	AUT-Klagenfurt	03.08.1973
Maier, Alexander	AUT-Flachau	16.07.1974
Pederzolli, Nicola	AUT-Innsbruck	11.03.1974
Riegler, Claudia	AUT-Flachau	07.07.1973
Riegler, Manuela	AUT-Flachau	15.06.1974
Behounek, Mathias	GER-Schloßberg	25.06.1975
Ebner, Markus	GER-Ingolstadt	09.11.1970
Himmler, Katharina	GER-München	06.06.1975
Hoffmann, Xaver	GER-Murnau	22.11.1974
Michaelis, Jan	GER-München	15.01.1978
Renoth, Heidi	GER-Berchtesgaden	28.02.1978
Thost, Nicola	GER-Pforzheim	03.05.1977
Tyrkas, Daniel	GER-Erlangen	16.06.1975
Wehr-Hasler, Sabine	GER-Märstetten/SUI	07.08.1967
Brunner, Therry	SUI-Davos-Platz	06.09.1975
Hitz, Marcel	SUI-Adligenswil	03.09.1974
Jaquet, Gilles	SUI-La Chaux-de-Fonds	16.06.1974
Kestenholz, Ueli	SUI-Gwatt	10.05.1975
Livers, Nadia	SUI-Flims-Dorf	17.10.1979
Meisser, Milena	SUI-Davos-Platz	02.04.1979
Meuli, Daniela	SUI-Davos-Dorf	06.11.1981
Reuteler, Fabienne	SUI-Wollerau	02.09.1979
Schoch, Philipp	SUI-Steg	12.10.1979
Schoch, Simon	SUI-Steg	07.10.1978
Simmen, Gian	SUI-Arosa	19.02.1977
von Siebenthal, Steffi	SUI-Saanenmöser	08.11.1977

Bob

Arnold, Erwin	AUT-Aldrans	05.11.1968
Müller, Michael	AUT-Regau	29.08.1976
Schützenauer, Martin	AUT-Wien	28.06.1962
Seelos, Klaus	AUT-Innsbruck	10.09.1969
Stampfer, Wolfgang	AUT-Innsbruck	03.05.1972
Barucha, Stefan	GER-Potsdam	03.04.1977
Dietrich, Anne	GER-Magdeburg	14.08.1980
Embach, Carsten	GER-Golm	12.10.1968
Erdmann, Susi	GER-München	29.01.1968
Herschmann, Nicole	GER-Berlin	27.10.1975
Holzner, Ulrike	GER-Udenheim	18.09.1968
Jakobs, Marco	GER-Unna	30.05.1974
Kuske, Kevin	GER-Potsdam	04.01.1979
Kühn, Enrico	GER-Bad Langensalza	10.03.1977
Lange, André	GER-Suhl	28.06.1973
Langen, Christoph	GER-Strub	27.03.1962
Prokoff, Sandra	GER-Winterberg	04.01.1975
Sagmeister, Franz	GER-Ohlstadt	21.10.1974
Spies, René	GER-Winterberg	05.07.1973
Zimmermann, Markus	GER-Schönau am Königssee	04.09.1964
Acklin, Guido	SUI-Herznach	21.11.1969
Aeberhard, Urs	SUI-Wollerau	18.02.1971
Anderhub, Steve	SUI-Eschenbach	12.07.1970
Annen, Martin	SUI-Arth	12.02.1974
Burdet, Françoise	SUI-Silvaplana	12.08.1967
Götschi, Reto	SUI-Hausen a.A.	25.12.1965
Grand, Cédric	SUI-Meyrin	14.01.1976
Hammer, Stefan	SUI-Baar	01.02.1976
Hefti, Beat	SUI-Herisau	03.02.1978
Reich, Christian	SUI-Künten	23.09.1967
Schaufelberger, Silvio	SUI-Fischenthal	21.03.1977
Sutter, Katharina	SUI-Beringen	27.07.1968

Rodeln

Eder, Simone	AUT-Innsbruck	21.04.1974
Kleinheinz, Markus	AUT-Neustift	27.08.1976
Linger, Andreas	AUT-Absam	31.05.1981
Linger, Wolfgang	AUT-Absam	04.11.1982
Manzenreiter, Sonja	AUT-Innsbruck	18.07.1975
Margreiter, Rainer	AUT-Innsbruck	26.06.1975
Neuner, Angelika	AUT-Wattens	23.12.1969
Prock, Markus	AUT-Mieders	22.06.1964
Schiegl, Markus	AUT-Langkampfen	07.06.1975
Schiegl, Tobias	AUT-Langkampfen	05.10.1973
Albert, Karsten	GER-Friedrichsroda	13.10.1968
Geppert, Denis	GER-Lichtenstein	24.01.1976
Hackl, Georg	GER-Berchtesgaden	09.09.1966
Kraushaar, Silke	GER-Sonneberg	10.10.1970
Leitner, Patric	GER-Berchtesgaden	23.02.1977
Niedernhuber, Barbara	GER-Schönau am Königssee	06.06.1974
Otto, Sylke	GER-Zirndorf	07.07.1969
Resch, Alexander	GER-Berchtesgaden	05.04.1979
Skel, Steffen	GER-Erfurt	14.06.1972
Wöller, Steffen	GER-Elkeringhausen	10.09.1972
Gilly, Reto	SUI-Effretikon	18.01.1972
Höhener, Stefan	SUI-Obfelden	13.06.1980

Skeleton

Auer, Christian	AUT-Innsbruck	04.04.1966
Rettl, Martin	AUT-Zirl	25.11.1973
Hanzlik, Steffi	GER-Steinbach-Hallenberg	30.12.1975
Kleber, Frank	GER-Krailling	11.02.1981
Sartor, Diana	GER-Kurort Bärenfels	23.11.1970
Schneider, Willi	GER-Waldkraiburg	12.03.1963
Pedersen Bieri, Maya	SUI-Oyer/NOR	27.11.1972
Poletti, Felix	SUI-Dübendorf	23.07.1965
Stähli, Gregor	SUI-Kloten	28.02.1968

Curling

Belkofer, Sabine	GER-Hamburg	27.11.1967
Fischer, Karin	GER-Füssen	07.01.1972
Herberg, Daniel	GER-Oberstdorf	07.03.1974
Hoffmann, Patrick	GER-München	25.07.1974
Knoll, Stephan	GER-Oberstdorf	16.03.1973
Messenzehl, Markus	GER-Sonthofen	20.06.1972
Nessler, Natalie	GER-München	08.06.1976
Stock, Andrea	GER-München	28.11.1980
Stock, Sebastian	GER-Oberstdorf	15.11.1977
Wieländer, Heike	GER-Zürich/SUI	24.07.1968
Bidaud, Laurence	SUI-Lenzburg	22.03.1968
Ebnöther, Luzia	SUI-Wangen	19.10.1971
Eggler, Markus	SUI-Birsfelden	22.01.1969
Frei-Zürcher, Tanya	SUI-Täuffelen	31.05.1972
Grichting, Damian	SUI-Basel	08.04.1973
Ott, Mirjam	SUI-Zürich	27.01.1972
Ramstein, Marco	SUI-Zug	22.11.1978
Röthlisberger-Raspe, Nadia	SUI-Worb	30.06.1972
Schwaller, Andreas	SUI-Zürich	08.07.1970
Schwaller, Christof	SUI-Halten	03.10.1966

Eishockey

Brandner, Christoph	AUT-Klagenfurt	05.07.1975
Dalpiaz, Claus	AUT-Neubeuern/GER	10.10.1971
Divis, Reinhard	AUT-Thüringen/Vorarlberg	04.07.1975
Hohenberger, Martin	AUT-Duisburg/GER	29.01.1977
Kalt, Dieter	AUT-Karlstad/SWE	26.06.1974
Kasper, Peter	AUT-Innsbruck	20.12.1974
Kromp, Wolfgang	AUT-Villach	17.09.1970
Lakos, André	AUT-Delmar, New York/USA	29.07.1979
Lanzinger, Günther	AUT-Villach	04.01.1972
Lavoie, Joseph Dominic Giles	AUT-Wedemark/GER	22.11.1967
Lukas, Robert	AUT-Wien	29.08.1978
Perthaler, Christian	AUT-Linz	21.07.1968
Pöck, Thomas	AUT-Klagenfurt	02.12.1981
Ressmann, Gerald	AUT-Villach	24.07.1970
Salfi, Kent	AUT-Drobollach	10.06.1971
Schaden, Mario	AUT-Klagenfurt	30.04.1972
Searle, Thomas	AUT-Villach	26.04.1963
Setzinger, Oliver	AUT-Linz	11.07.1983
Suttnig, Michael	AUT-Klagenfurt	08.11.1973
Trattnig, Matthias	AUT-Graz/Djurgarden/SWE	22.04.1979
Ulrich, Martin	AUT-Erkrath/GER	16.12.1969
Unterluggauer, Gerhard	AUT-Villach	15.08.1976
Wheeldon, Simon	AUT-Neufahrn/GER	30.08.1966
Abstreiter, Tobias	GER-Kassel	06.07.1970
Becker, Maritta	GER-Lyss/SUI	11.03.1981
Benda, Jan	GER-Duisburg	28.04.1972
Daffner, Thomas	GER-Kassel	01.09.1971
Ehrhoff, Christian	GER-Moers	06.07.1982
Evers, Bettina	GER-Hannover	17.08.1981
Frühwirt, Stephanie	GER-Kornwestheim	25.08.1980
Gall, Nina	GER-Bergkamen	20.04.1983
Goc, Marcel	GER-Gechingen	24.08.1983
Goldmann, Erich	GER-Dingolfing	07.04.1976
Grundmann, Claudia	GER-Berlin	22.04.1976
Hecht, Jochen	GER-Mannheim/Edmonton/CAN	21.06.1977
Hynes, Wayne	GER-Mannheim	29.05.1969
Kathan, Klaus	GER-Bad Tölz	07.01.1977
Kinza, Sandra	GER-Berlin	01.08.1969
Kreutzer, Daniel	GER-Düsseldorf	23.10.1979
Kruck, Sabrina	GER-Geretsried	03.11.1981
Kuisle, Sonja	GER-Sonthofen	27.01.1978
Kunce, Daniel	GER-Tönisvorst	17.07.1971
Künast, Christian	GER-München	07.03.1971
Kölzig, Olaf	GER-Idle Oak Court, Maryland/USA	06.04.1970
Lanzl, Michaela	GER-München	21.02.1983
Linde, Nina	GER-Kornwestheim	10.06.1980
Loth, Andreas	GER-Kassel	26.02.1972
Lüdemann, Mirko	GER-Köln	15.12.1973
Mackay, Mark	GER-Villingen-Schwenningen	28.05.1964
Mayr, Jörg	GER-Köln	03.01.1970
Morczinietz, Andreas	GER-Augsburg	11.03.1978
Müller, Robert	GER-Mannheim	25.06.1980
Oswald, Christina	GER-Farchant	26.07.1973
Pfreundschuh, Nadine	GER-Mannheim	10.11.1975
Pyka, Nico	GER-Berlin	22.07.1977
Reichel, Martin	GER-Nürnberg	07.11.1973
Reindl, Franziska	GER-Garmisch-Partenkirchen	16.09.1982
Renz, Andreas	GER-Köln	12.06.1977
Ritter, Nina	GER-Riessersee	26.01.1981
Rumrich, Jürgen	GER-Nürnberg	20.03.1968
Rückauer, Sabine	GER-Kornwestheim	13.04.1977
Scheytt, Anja	GER-Mannheim	05.12.1980
Schreckenbach, Jana	GER-Mannheim	08.07.1982
Schubert, Christoph	GER-München	05.02.1982
Seidenberg, Dennis	GER-Villingen-Marbach	18.07.1981
Seliger, Marc	GER-Nürnberg	01.05.1974
Soccio, Leonard	GER-Langenhagen	28.05.1967
Sturm, Marco	GER-Dingolfing/San José/USA	08.09.1978
Thyssen, Esther	GER-Grefrath	31.07.1979
Ustorf, Stefan	GER-Mannheim	03.01.1974
Valenti, Maren	GER-Mannheim	15.10.1976
Wartosch-Kürten, Stephanie	GER-Kornwestheim	12.11.1978
Wierscher, Julia	GER-Köln	10.05.1971
Wolf, Raffaela	GER-Bangor Maine/USA	20.06.1978
Ziegenhals, Nina	GER-Kornwestheim	23.05.1982
Aebischer, David	SUI-Tafers/Denver, Colorado/USA	07.02.1978
Aeschlimann, Jean-Jacques	SUI-Davesco	30.05.1967
Bührer, Marco	SUI-Zollikofen	09.10.1979
Christen, Björn	SUI-Davos-Platz	05.04.1980
Conne, Flavien	SUI-Savosa	01.04.1980
Crameri, Gian-Marco	SUI-Dübendorf	13.12.1972
Della Rossa, Patric	SUI-Weiningen	28.07.1975
Fischer, Patrick	SUI-Davos-Dorf	06.09.1975
Gerber, Martin	SUI-Karlstad/SWE	03.09.1974
Höhener, Martin	SUI-Kloten	23.06.1980
Jeannin, Sandy	SUI-Ponte Capriasca	28.02.1976
Jenni, Marcel	SUI-Karlstad/SWE	02.03.1974
Keller, Olivier	SUI-Tesserete	20.03.1971
Plüss, Martin	SUI-Kloten	05.04.1977
Rötheli, André	SUI-Caslano	12.10.1970
Rüthemann, Ivo	SUI-Zollikofen	12.12.1976
Salis, Edgar	SUI-Zürich	20.05.1970
Seger, Mathias	SUI-Zürich	17.12.1977
Steinegger, Martin	SUI-Stettlen	15.02.1972
Streit, Mark	SUI-Zürich	11.12.1977
Sutter, Patrick	SUI-Sorengo	06.07.1970
Vauclair, Julien	SUI-Ottawa/KAN	02.10.1979
von Arx, Reto	SUI-Davos-Dorf	13.09.1976
Weibel, Lars	SUI-Davos-Dorf	20.05.1974

Eiskunstlauf

Jeschke, Norman	GER-Berlin	02.03.1979
Kautz, Mariana	GER-Berlin	23.07.1980
Lohse, René	GER-Oberstdorf	23.09.1973
Winkler, Kati	GER-Oberstdorf	16.01.1974
Hugentobler, Daniel	SUI-Zug	15.01.1979
Hugentobler, Eliane	SUI-Zug	30.09.1981
Lambiel, Stéphane	SUI-Saxon	02.04.1985
Meier, Sarah	SUI-Bülach	04.05.1984

Eisschnelllauf

Hunyady, Emese	AUT-Baden bei Wien	04.03.1966
Anschütz, Daniela	GER-Urbich	20.11.1974
Boden, Jens	GER-Pohrsdorf	29.08.1978
Breuer, Christian	GER-Grefrath	03.11.1976
Dittrich, Frank	GER-Dittersdorf	23.12.1967
Friesinger, Anni	GER-Fellbach	11.01.1977
Friesinger, Jan	GER-Inzell	20.11.1980
Garbrecht-Enfeldt, Monique	GER-Berlin	11.12.1968
Künzel, Michael	GER-Berlin	24.05.1973
Pechstein, Claudia	GER-Berlin	22.02.1972
Taubenrauch, Rene	GER-Ingersleben	31.01.1974
Völker, Sabine	GER-Erfurt	11.05.1973
Wohlrab, Marion	GER-Inzell	08.06.1974
Wolf, Jenny	GER-Neuenhagen	31.01.1979

Shorttrack

Hartwig, Andre	GER-Dummerstorf	14.03.1983
Klein, Aika	GER-Sildemow	26.11.1982
Kunze, Yvonne	GER-Radebeul	05.01.1978
Lehmann, Ulrike	GER-Rostock	11.06.1982
Nachbar, Arian	GER-Rostock	06.01.1977
Priebst, Christin	GER-Dresden	18.09.1983
Rudolph, Susanne	GER-Grafing	10.02.1981

NORDISCHE WETTBEWERBE

Biathlon

Gredler, Ludwig	AUT-Tux	19.11.1967
Mesotitsch, Daniel	AUT-St. Jakob im Rosental	22.05.1976
Perner, Wolfgang	AUT-Ramsau am Dachstein	17.09.1967
Rottmann, Wolfgang	AUT-Altenmarkt	15.05.1973
Sumann, Christoph	AUT-Ramsau am Dachstein	19.01.1976
Apel, Katrin	GER-Gräfenroda	04.05.1973
Disl, Uschi	GER-Kössen/AUT	15.11.1970
Fischer, Sven	GER-Schmalkalden	16.04.1971
Glagow, Martina	GER-Mittenwald	21.09.1979
Greis, Michael	GER-Nesselwang	18.08.1976
Groß, Ricco	GER-Ruhpolding	22.08.1970
Henkel, Andrea	GER-Großbreitenbach	10.12.1977
Luck, Frank	GER-Springstille	05.12.1967
Sendel, Peter	GER-Jüchsen	06.03.1972
Wilhelm, Kati	GER-Steinbach-Hallenberg	02.08.1976
Wolf, Alexander	GER-Herges-Hallenberg	21.12.1978
Zellner, Martina	GER-Ruhpolding	26.02.1974
Chabloz, Jean-Marc	SUI-La Lécherette	27.05.1967
Niederberger, Daniel	SUI-Wolfenschiessen	22.07.1973
Simmen, Matthias	SUI-Realp	03.02.1972
Zwahlen, Roland	SUI-Gümligen	17.05.1977

Langlauf

Botwinow, Michail	AUT-Obertauern	17.11.1967
Hoffmann, Christian	AUT-Aigen im Mühlkreis	22.12.1974
Marent, Alexander	AUT-Mellau	21.02.1969
Mayer, Marc	AUT-Ramsau am Dachstein	18.07.1978
Neuner, Reinhard	AUT-Mieming	04.02.1969
Urain, Gerhard	AUT-Schladming	30.08.1972
Walcher, Achim	AUT-Ramsau am Dachstein	01.12.1967
Angerer, Tobias	GER-Traunstein	12.04.1977
Bauer, Viola	GER-Neudorf	13.12.1976
Filbrich, Jens	GER-Gossel	13.03.1979
Henkel, Manuela	GER-Großbreitenbach	04.12.1974
Künzel, Claudia	GER-Oberwiesenthal	01.02.1978
Reschwamm, Anke	GER-Niederwinkling	08.12.1972
Sachenbacher, Evi	GER-Reit im Winkl	27.11.1980
Schlickenrieder, Peter	GER-Schliersee	16.02.1970
Schlütter, Andreas	GER-Zella-Mehlis	17.08.1972
Sommerfeldt, René	GER-Oberwiesenthal	02.10.1974
Teichmann, Axel	GER-Lobenstein	14.07.1979
Albrecht Loretan, Brigitte	SUI-Varen	06.10.1970
Aschwanden, Wilhelm	SUI-Marbach	18.12.1969
Bundi, Gion-Andrea	SUI-Haldenstein	18.05.1976
Burgermeister, Reto	SUI-Pfäffikon	07.09.1975
Eigenmann, Christoph	SUI-Wattwil	22.05.1979
Huber, Andrea	SUI-La Punt-Chamues-ch	09.05.1975
Leonardi Cortesi, Natascia	SUI-Poschiavo	01.05.1971
Mächler, Patrik	SUI-Davos-Platz	28.11.1972
Rochat, Laurence	SUI-L'Abbaye	01.08.1979
Rölli, Patrick	SUI-Horw	30.10.1972

Nordische Kombination

Bieler, Christoph	AUT-Absam	28.10.1977
Denifl, Wilhelm	AUT-Fulpmes	10.11.1980
Eugen, Christoph	AUT-Laßnitz	28.05.1976
Gottwald, Felix	AUT-Hallein	13.01.1976
Gruber, Michael	AUT-St. Veit	05.12.1979
Stecher, Mario	AUT-Eisenerz	17.07.1977
Ackermann, Ronny	GER-Unteralba	16.05.1977
Gaiser, Jens	GER-Obertal	18.05.1978
Haseney, Sebastian	GER-Zella-Mehlis	27.08.1978
Hettich, Georg	GER-Schonach	12.10.1978
Höhlig, Marcel	GER-Klingenthal	04.04.1979
Kircheisen, Björn	GER-Johanngeorgenstadt	06.08.1983
Hartmann, Andy	SUI-Klosters	29.01.1980
Heer, Ronny	SUI-Horw	09.01.1981
Hurschler, Andreas	SUI-Trachslau	14.09.1977
Hurschler, Josef	SUI-Grafenort	23.06.1983
Rieder, Ivan	SUI-Kandersteg	03.12.1976
Schmid, Jan	SUI-Tiller/NOR	24.11.1983

Skispringen

Goldberger, Andreas	AUT-Mondsee	29.11.1972
Höllwarth, Martin	AUT-Zirl	13.04.1974
Horngacher, Stefan	AUT-Bad Häring	20.09.1969
Koch, Martin	AUT-Villach	22.01.1982
Loitzl, Wolfgang	AUT-Bad Mitterndorf	13.01.1980
Widhölzl, Andreas	AUT-Mieming	14.10.1976
Duffner, Christof	GER-Schönwald	16.12.1971
Hannawald, Sven	GER-Hinterzarten	09.11.1974
Hocke, Stephan	GER-Oberhof	20.10.1983
Schmitt, Martin	GER-Tannheim	29.01.1978
Späth, Georg	GER-Oberstdorf	24.02.1981
Uhrmann, Michael	GER-Breitenberg	16.09.1978
Ammann, Simon	SUI-Unterwasser	25.06.1981
Freiholz, Sylvain	SUI-Le Brassus	23.11.1974
Küttel, Andreas	SUI-Einsiedeln	25.04.1979
Steinauer, Marco	SUI-Einsiedeln	13.04.1976